お子さんがお金に興味をもったら読む本

お金に振り回されない大人に育てる！
おこづかい教育のすべて

羽田野 博子 著

土屋書店

はじめに

「あなたのお子さんが25歳になったときの姿を思い描いてみましょう。どのような大人になっていてほしいですか?」

講演のなかでみなさんに問いかける質問です。

「お金に振り回されない大人になってほしい」

「ニートやフリーターにはなってほしくない」

そういう意見が返ってきます。そう、金銭的にも精神的にも、自立した大人になってほしいというのがみなさんの願いのようです。きっとこの本を手にしたあなたも同じ想いではないかと思います。

では、そのためには何をすればよいのでしょうか?

その答えはおこづかい教育にあります。おこづかい教育の目的は、子どもをお金持ちにすることではありません。お金の使い方を通して自己管理、自己責任を学び、自立を促すことです。

筆者は3人の子どもに30年以上にわたり、おこづかい教育を実践してきました。その子どもたちも独立し、メリハリのあるお金の使い方ができる、自立した大人になりました。

今年、長女と次女は長男が小学校に入学したのを機に、本格的なおこづかい教育をはじめたようです。きっと、自分たちの受けたお金の教育がよかったと感じたからでしょう。

本書はそれらの体験をもとに、幼児期から社会人までのおこづかい教育の具体的なポイントをまとめました。各章の終わりにはマネークイズを用意しましたので、お子さんと一緒に挑戦してみましょう。また、この本を読んだらすぐにおこづかい制をはじめられるように、別冊としておこづかい帳をつけています。

お金のやりくりは学校では学べません。お金を学ぶ場は家庭なのですから。そして先生は、本書を読んでいるパパとママです。

子育てに悩んだときは「どんな大人になってほしいか?」という子育ての目標を思い出してください。ゴールを見据えることで方向性が見えてきます。

さあ、あなたもお子さんの25歳になったときの姿を思い描きながら、おこづかい教育をはじめてみませんか?

羽田野 博子

もくじ

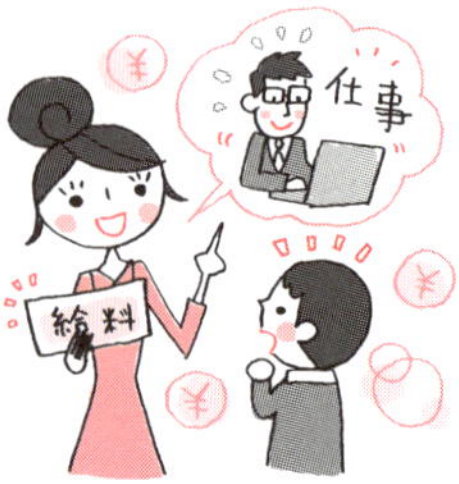

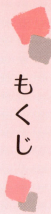

第2章 はじめよう！ おこづかい教育

第3章 幼児期・小学生のおこづかい教育

第4章 中学生のおこづかい教育

第5章 高校生・大学生の金銭教育

第6章 自立した社会人になるために

本書の情報は、２０１３年6月現在のものです。制度や金額は、今後変更になる可能性があります。最新情報は各団体、自治体のホームページなどでご確認ください。

プロローグ

お金のことを子どもにわかりやすく教えるには?

わたしたち夫婦のひとり娘、育子は3歳です。「今がかわいい盛り」なんて言われますが……
育子 3才
スーパーつちや
買い物に行くと、豹変するんです！
このおかし買って！
ダメ！ 1日1個でしょ さっき買った1個でおしまい！
これ買って、これ買って！
ダメ！ この前 おばあちゃんに買ってもらったでしょ
じゃあ これ！
ぺちん ぺちん
勝手に乗らないの！

その夜
すごいよ、育子の「買って、買って」攻撃！一緒に買い物に行くのが恥ずかしいくらい
もみもみ
じゃあ今週末はおれが育子と買い物に行くからさ結子はゆっくり休んでなよ
はいミルクティどうぞ〜
優し〜ありがと〜
助かるよ〜
土曜日
おかしは1個までだからな〜
ガラガラ
はぁ〜い

えーと、今日の買い物は……
ねぇパパ、これ買って！
おかしは1個までだぞ それでいいの？
うんっ
よし！これで全部かな〜……
にんじんたまごにりんごでしょ〜
パパ、これ欲しぃ！
パタ
パタ

ええ？
買い物は
1個って
言ったろ
でもこれも
おいしそうなんだもん
ダーメ！
どっちか
1個に
しなさい
買ってー
ギャア
買ってよー
ギャア
じと〜…
ばた
じた
で、
これは？
ゴゴゴ
スミマセン……
しゅるしゅるしゅる

買って、買ってと
ねだられて
つい……
ごめん…
も〜! わたしが
今までがんばって
きたのに、どうして
甘やかすの?
いや、あんまり
騒ぐから、
買ったほうが
楽だなって
つい思っちゃって
そりゃ楽だけど、
ねだればいくらでも
買ってもらえるって
思われちゃ困るじゃない!
それじゃ育子のために
ならないの!
ガチャ
はっ
ゴシゴシ
どうしたの?

ごめんね
起しちゃったかな
ねんね
しようね
？
パタ～ン
翌日
ただいまー
ぐつぐつ
おかえりー
結子、見てみて
なあに？
『お子さんがお金に興味をもったら読む本』！
買ってきたんだ

子どもの「買って、買って」攻撃への対策があるよ「1個まで」って言うより、「100円まで」って言ってお金を渡したほうが、子ども自身が予算内でやりくりできるから納得しやすいんだって
算数の勉強にもなるしねっ
へえ～
成長に合わせてお金のことを伝えていくんだね 子どもが大学生、社会人になったときの金銭教育までサポートしてくれてる！保険や金利のことなんて、わたしたちも勉強になりそう……！
パラ
パラ
このあいだは無責任なことしてごめん！これからは甘やかすんでも、「ダメ」って言ってばかりでもなくて、育子も楽しめるやり方でお金のことを教えていこう
うん！

序章
どう答える？ お金にまつわる子どものハテナ

「ねぇ、どうして？」と子どもに聞かれて、
返事に詰まったことがないでしょうか。
子どもの素朴な疑問にわかりやすく答えるのは難しいもの。
まして、日ごろ当たり前に扱っている「お金」のことを
どう説明したらいいのか？
ここでは、子どもが抱きがちなお金の「ハテナ」について
わかりやすく解説します。

Q. お金ってなあに?

素朴なギモンですが、とっても大事なことです。
ひと言で言うと、**「欲しい物を手に入れたり、夢を実現するための道具」**
ですが、せっかくなのでもう少し詳しくお金の持つ役割を教えましょう。

子どもに伝えたいポイント

◎お金には

①交換する
はたらき（機能）

②貯めておく
はたらき（機能）

③価値を決める
はたらき（機能）

がある

◎お金で買えない大切なものがたくさんある
家族、友だち、健康、幸せなど

◎お金はとても便利だけど、あくまで道具
お金を使って何をするかが大切
お金が人生の目的にならないようにしよう

ずっとずっと昔、
お金のない時代には

昔は、自分の欲しいものと
相手の欲しいものを交換していたの。
でも、自分はAさんのものが欲しくても、
Aさんが自分のものを欲しくないと、
交換してもらえないでしょ。
そんなときにお金があると便利！
お金には**「①交換するはたらき（機能）」**があるのよ。

また、お金にはものの
「②価値を決めるはたらき（機能）」
があるの。

たとえば

ものとものを交換する場合は、「ドーナッツ１個は、アメ５個分かな？」
「チョコレートなら２枚くらい？」と、
ふたつのものの**値打ち（価値）**を交換のたびに比べないといけないよね。

そんなとき

「ドーナッツは１個150円、アメは５個で150円」と、
ものの値打ち（価値）をお金の単位で表し、決めることで、
ものの比較がわかりやすくなるよね。

ほかにもお金には**「③貯めておくはたらき（機能）」**があるのよ。
おいしいドーナッツだって、早く交換しないと腐っちゃうよね。
お金は腐らないから、貯めておくこともできる！
これも、ものとものを交換していた時代には
難しかったことだよ。

Q. なんで買ってくれないの?
みんな持ってるのに……

こんな質問をされたとき、なんと答えますか？
「まだ早い」「高すぎる」「お金がない」「ダメなものはダメ」など、
いろんな答え方が考えられます。
大切なことは、**買えない、または買わない理由を**
子どもに理解できるよう説明することです。
子どもにとってそれが本当に必要か、
持たせてもよいかどうかを
パパ、ママ自身が判断しましょう。

子どもに伝えたいポイント

◎買わない理由を丁寧に説明してあげる

◎「高いもの」を欲しがる場合は、それがどのくらい大きな金額かを、子どもに理解できるように伝える

◎我が家には我が家の方針があることを伝える

◎「あなたのことを大切に思っているから、買わないのよ」という気持ちを、言葉にして伝える

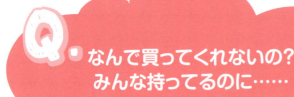

■「まだ早い」と考えられる場合

年齢的にまだ早いと考える場合、**買うことによってどんな弊害があるか**を話してあげましょう。いつがベストなタイミングと考えているのかなど、親の考えを伝えます。そして家庭ごとに考え方は違うことも話しましょう。

パパやママは○ちゃんのことが大好きだから、
これを買って困ったことになるのが心配なんだ。
だからほかの子が持っていても、
○ちゃんが○歳になるまでは持ってほしくないんだよ。

■「高すぎる」ものを欲しがる場合

高価すぎるものを欲しがることも、よくあります。
そのときはその金額が**どのくらい高いものなのか**を、伝えましょう。使えるお金は限られているから、欲しいものすべてを買うわけにはいかないことも話してみましょう。

牛乳20本が買える値段だよ。
それは○ちゃんのおこづかいの
1年分もするよ。

家庭ごとに収入、家族構成が違います。ひとりの子に使えるお金は異なって当たり前。各家庭のお財布事情も異なるし、子育ての教育方針も異なります。
我が家には我が家の方針があることを話すとよいでしょう。
高くないものなら買ってあげたほうが楽なことも多いですが、子どもためにあえて買わないことも大切。
親のほうも「買ってあげたい気持ち」をガマンすることが必要です。

Q. 銀行って何をしてるところなの?

いざ「銀行って何をしてるの？」と聞かれると、
子どもになんて説明したらよいのか、とまどってしまうかも。
でも身近な例を挙げてひとつひとつ説明すれば、
意外と子どもは理解してくれるものです。
また、子どものなかには**「銀行に行けばいくらでもお金がある」**と
思っている子もいます。我が家の銀行にあるお金は、
パパとママが働いた分だけだということも
伝えておきましょう。

子どもに伝えたいポイント

◎銀行には「お金を預かる」「お金を貸す」役割がある

◎我が家の銀行にあるお金は、パパとママのお給料の分だけ
無限にあるわけではない

◎銀行は世の中にお金を回す役割がある

◎子どもの成長に合わせて、利子の話もしてあげよう

銀行は、**みんなのお金を預かっているところ**なの。
誰からいくら預かっているかを記録してあるのよ。
パパとママのお給料も会社から銀行に入ってくるの。
パパとママは銀行からお給料を下ろして、
食べ物を買ったり、電気代を払ったりしているのよ。

どうして銀行に預けるの？

たくさんのお金を家に置いていて盗まれたり、
手で持っていて落としちゃったら大変。
だから銀行に預けるのよ。

銀行はみんなからのお金を
預かっているだけ？

いい質問だね！　みんながお金を預けると、
銀行にはたくさんのお金が集まるでしょう。
銀行はそのお金をただ預かっているだけじゃなくて、
大きなお金が必要な会社や人に貸しているのよ。

たとえば

○ちゃんが大人になっておいしいケーキのお店を開きたいなって思ったら、
ケーキをつくる材料や機械、食器、テーブルなどを用意するのに
大きなお金が必要になるでしょ。
そんなときに、何に使って、いつ返すのかを銀行に説明してお金を借りるの。
そして○ちゃんはお店を開いて、おいしいケーキをたくさん売って、
借りた金額より少し多くのお金を返すの。
銀行は預かったお金をほかの人に貸したりして、
社会にお金を回す役割もあるのよ。

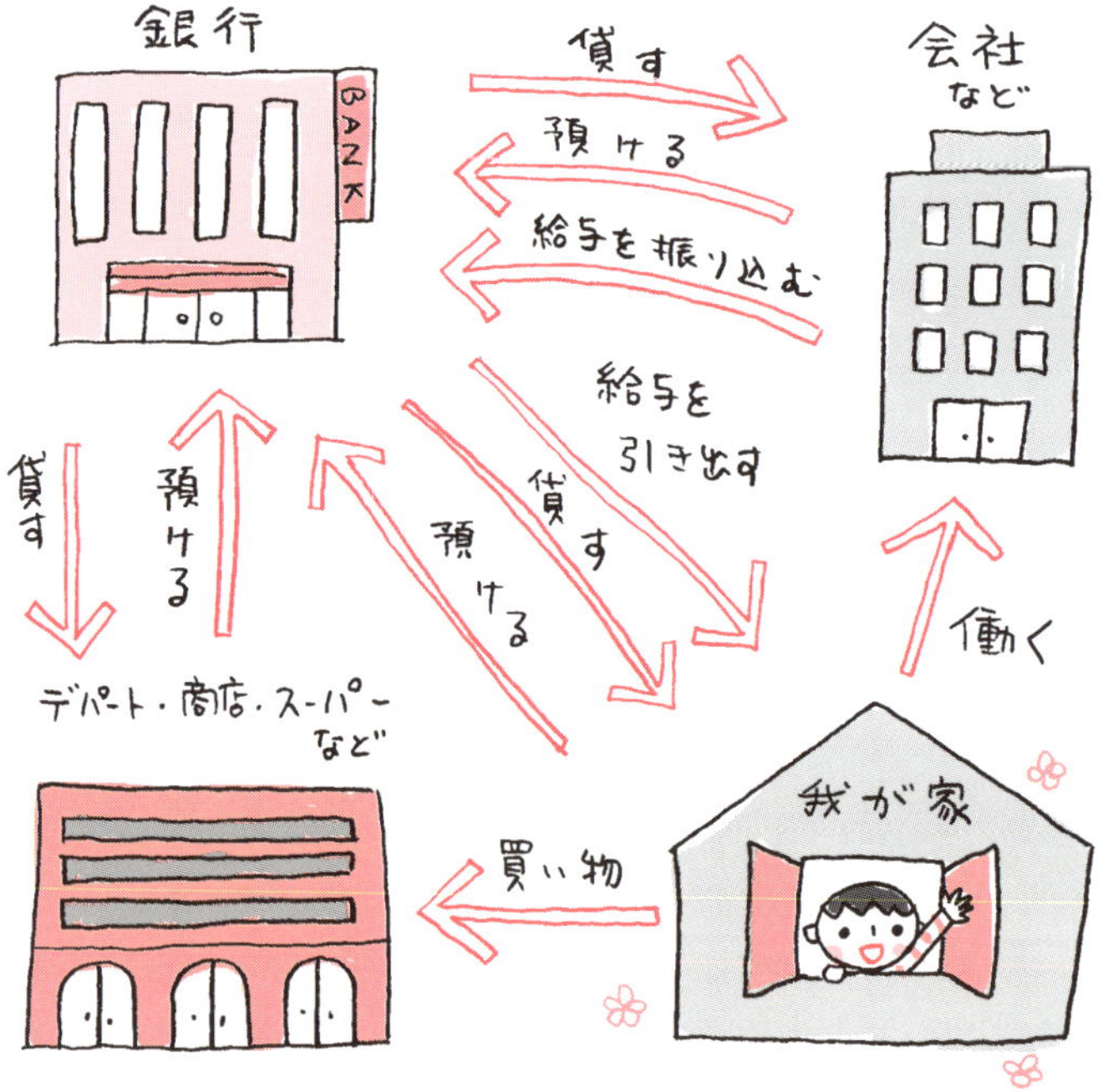

「銀行には、いろいろな人や会社がお金を預けているよ。我が家の分は、その一部。買い物をしてお店に渡したお金も、一部はお店から銀行に預けられる。お金は世の中を回っているんだね」

第1章 お子さんがお金に興味をもったら

コインを欲しがったり、
もらったお年玉を何度も数えたり――
お子さんがお金に興味を示したら、
おこづかい教育のはじめどきです。
将来、お金に振り回されない大人になるための
レッスンをスタートしましょう。

「おこづかい教育」とは、お金に振り回されない自立した大人に育てる教育です

子どもの将来を左右するおこづかい教育

子どもにお金の話をするのがタブーだったのは昔のこと。ものもお金も限られていた時代の、子どもにはお金の苦労を知らせたくない親心でしょう。

でも今は違います。ものはありあまり、食べるのに困らないお金が家庭にあります。また今、お金は簡単に借りられます。「ない袖は振れない」といいますが、「ない袖も振れる」時代です。

将来**子どもが多重債務のようなトラブルに苦しまないために、今のうちからお金の使い方を練習し、貯金の大切さを教えておく**ことが大切なのです。

現代にひそむお金のワナ①

「見えないお金」が増えている

現代は目に見えないお金があふれています。

現金手渡しだった給与は銀行振り込みに。公共料金や保険料などは払っている感覚もないまま、口座から引き落とされます。

クレジットカードや電子マネーなど、お金に代わるものを使いこなさないといけないのが現代です。

⇒詳細は72、110、134ページ

お金のトラブル事件簿　深刻度★★★

見覚えのない多額請求！犯人はわが子？

以前、親の知らない間に子どもが課金制のケータイゲームで遊び、請求額が高すぎると問題になりました。ゲームの仕組みにも難はありますが、お金についての教育不足が招いたトラブルともいえます。

子ども自身がお金を持っていなくても、万単位のお金を使える時代。**子どもの成長に合わせて、まずは現金、順に電子マネー、クレジットカードなど、見えないお金の使い方も教えていくことが大切**です。

⇒詳細は74、98、118ページ

現代にひそむ
お金のワナ②

「欲しい!」と思わせる誘惑がいっぱい

今、世の中は広告であふれています。魅力的な広告は、欲しくなるような誘惑でいっぱい！

しかし、使えるお金は限られているので、その全部にのってしまうわけにはいきません。**誘惑に負けず本当に必要なものだけを買う、取捨選択の能力を子どもにつけて**おきたいものです。
⇒詳細は32ページ

現代にひそむ
お金のワナ③

キャッシング（借金）が手軽な時代

お金を借りられるのはカードローンだけではありません。大人が誰でも持っているクレジットカードにも、キャッシング（お金を借りて現金を引き出す）機能がついています。

誰に頭を下げるでもなく、**簡単にＡＴＭでお金を借りることができ、欲しいものは後払いで手に入る時代**なのです。
⇒詳細は134ページ

現代にひそむ
お金のワナ④

6つのポケットを持つ子どもたち

ポケットとは財布のこと。**子どもたちはパパ、ママ、そしてその両親と、欲しいものを手に入れるための財布を６つも持っている**のです。

欲しいものがあると、ママがダメならパパに、パパもダメならおじいちゃんに……という風に、子どもはおねだりが上手になります。

そのまま**大人になったとき、６つのポケットがカードに変身するかも**しれません！

子どもに伝えたい「おこづかい教育5か条」

金銭感覚を育てる「おこづかい教育5か条」

「お金の教育なんて自分自身も受けたことがないのに、子どもに何を教えたらいいの？」と思うパパやママも多いでしょう。

おこづかい教育は、将来子どもをお金持ちにするために行うのではありません。**金銭感覚を育て、お金に振り回されない自立した大人に育てるため**のものです。

大人が「あたりまえ」と思っていることを子どもは知りません。まずは、**子どもに伝えたい「おこづかい教育5か条」**をおさえておきましょう。

おこづかい教育5か条

1 お金は親が働いているからもらえる

2 お金は使ったらなくなる

3 優先順位をつけて使う

4 貯金の習慣をつける

5 お金では買えないものもある！

1 お金は親が働いているからもらえる

お金はどこからくるのでしょう？　多くの場合、銀行から引き出しますが、パパ、ママの**給与が振り込まれている分しか引き出せません。**

大人にとっては当然のことでも、子どもには教えてあげないと銀行にいくらでもあると思っています。

お給料日やボーナス日には**子どもに「今日はお給料日なのよ」と伝え、ちょっと夕飯を豪華にするなど、言葉や態度で表して**みましょう。

2 お金は使ったらなくなる

単純ですが、もっとも大切なことです。お金は使ったらなくなる。なくなったら、もう欲しいものも買えない。子どもにはおこづかいで、このような経験をさせておきましょう。

「なくなればまたもらえる」と思っていると子どもはお金を大切に使いませんし、お金で買ったものも大切にしません。

3 優先順位をつけて使う

限られたお金を上手に使うためには、優先順位を考えたうえで、買うか買わないかという選択をすることが大切です。

優先順位の低いものは、少しくらい欲しくてもガマンするよう伝えましょう。

「このカードゲーム、絶対欲しい！けど、今買ったら学校で使うノートが買えなくなるかも……」と、先のことまで考える習慣がつきます。
⇒詳細は32ページ

4 貯金の習慣をつける

あればあるだけ使い、足りなくなれば借金、という若者が増えています。そんな大人にならないために、子どもには将来を考えて貯金することを教えましょう。
お年玉やおじいちゃんからもらったおこづかいなど、**大きなお金が入ったら、まず「いくら貯金しようかな？」と、子ども自らが考えるように**導きます。
⇒詳細は48ページ

5 お金では買えないものもある！

お金より大切なものがたくさんあることも、子どもには知っておいてもらいたいですね。

お手伝いをしたら喜ばれた、電車でお年寄りに席をゆずって「ありがとう」と言われたなど、人に喜んでもらったときの気持ちを大切にしましょう。こういう気持ちはお金では買えないものです。

「お手伝い＝お金」という発想にならないようにしたいものです。
⇒詳細は66ページ

おこづかい教育のヒント

人のためにもお金を使う

おこづかいは自分のためだけに使うものではありません。ユニセフ募金や赤い羽根共同募金、また震災などの自然災害が起きたときは、**おこづかいから募金**するように話してみましょう。

金額は少なくてもそれで助かる人がいる、人のためになる使い方があることを知ります。自分のためだけではなく、**人のためにお金を使うことで「おもいやり」の心を育てます。**

「必要なもの」と「欲しいもの」を区別して考えましょう

買うものを「ニーズ」と「ウォンツ」に仕分け

おこづかい教育で、一番難しく、時間のかかるのが**「お金の上手な使い方」**。これは子ども自身が失敗を繰り返しながら学んでいくものだからです。

ここでは「ニーズ」と「ウォンツ」という言葉を使って、限られたおこづかいのやりくりや、**優先順位のつけ方を紹介**します。

「ニーズ」と「ウォンツ」って何？

●ニーズ（NEEDS）

「必要なもの」「ないと困るもの」のこと。子どもにとっては文房具やノートなど、学校で使うものを指します。

●ウォンツ（WANTS）

「欲しいもの」「あれば心が豊かになるもの」のこと。おもちゃやゲーム、おかしなどがこれにあてはまります。

「必要なもの」と「欲しいもの」の見極めがおこづかい教育のポイントです。お子さんに身近なものでクイズを出して、遊びながら覚えていきましょう。

ニーズもおこづかいに入れ やりくり上手に

下の図のように、一般的に子どもが自分のおこづかいで買うものはウォンツが中心。ニーズは親がそのつど買ってあげる家庭が多いようですが、それではやりくりは学べません。

お金の教育のためには、**文房具などのニーズも、おこづかいから買うようにしましょう。** 自分の財布から買うと、消しゴム1個でも大切に使うようになります。長く使うことでその分、ほかのウォンツが買えるため、自然と金銭感覚を磨くことができるのです。

おこづかいの使い道ランキング

子どもたちのおこづかいの使い道トップ5です。ニーズとウォンツで、色分けしてみました。
子どもが自分で買うものはウォンツがほとんどです。

ニーズ　ウォンツ

順位	小学生			中学生	高校生
	1～2年生	3～4年生	5～6年生		
1位	おかしやジュース	ゲームソフトやおもちゃ類	ゲームソフトやおもちゃ類	おやつなどの飲食物	おやつなどの飲食物
2位	おもちゃなど	おかしやジュース	おかしやジュース	友だちとの外食・軽食代	友だちとの外食・軽食代
3位	ゲームをする	マンガ	マンガ	友だちへのプレゼント	休日に遊びに行く交通費
4位	ノートやえんぴつなど	ノートやえんぴつなど	本や雑誌	文房具	小説や雑誌
5位	家の人へのプレゼント	ゲームをする	ゲームをする	小説や雑誌	昼食

参考：金融広報中央委員会「子どものくらしとお金に関する調査」2010年度

**欲しいものが全然買えない！
もっとおこづかいを増やしてよ！**

**大人になって
お仕事をするようになると、
お金はいっぱいもらえるよ**

お金を稼ぐのは大変です。
それはパパ、ママも
実感していることでしょう。
お金に満たされ、欲しいものを
なんでも買ってもらって育った子どもは、
「働くのって大変そう。
いつまでも子どものままでいた～い！」
と思うことでしょう。

でも、それでは健全な大人になれません。
子どものうちにある程度、お金に不自由させましょう。
いつでもケーキが食べたい。おもちゃをたくさん買いたい。
そのために、**早く大人になって自分で稼ぎたい。**
そう思ってくれるように。

第2章 はじめよう！おこづかい教育

お子さんが何歳でも、「優先順位をつけてやりくりする」基本は同じ。おこづかい教育に必要なグッズや、賢いおこづかい教育のはじめ方を紹介します。

おこづかいは何歳から？

おこづかい教育の**はじめどきは今！**

「何歳から」と悩むより まずはじめてみよう

「おこづかいは何歳からあげたらいいの?」パパ、ママの一番の悩みどころでしょう。でも実は、**はじめるタイミングはさほど問題ではない**のです。

1年生から200円ではじめれば成功、3年生から500円では失敗、なんてことはないのですから。

あえていうなら、**パパ、ママがこの本を手に取った今がベストタイミング**。パパ、ママがブレずに、一貫したおこづかい教育をスタートできるからです。

ただ**「お子さんの年齢に応じたおこづかい教育のはじめ方」**はあるので、ここで紹介しておきましょう。

小学1～2年生がスタートの目安

自己管理ができるようになる**小学1～2年生**は、おこづかい教育をはじめるのによい時期です。親の目が行き届く間におこづかいの使い方の基本を教え、失敗を繰り返してある程度やりくりできるようになれば、高学年になり行動範囲が広がっても安心です。

特に、**小学校入学時はおこづかい教育をスタートさせる絶好のタイミング**。本人も「新しい出発」とはりきっているでしょう。文房具などのニーズは最初に買いそろえ、「ノートがなくなったら、次は自分で買うのよ。なく

さないように、大切に使ってね」と言ってスタートさせるとよいでしょう。

小学校入学前には「準備期間」を設けても

小学校入学前の幼児期でも、できることはあります。**お金に興味を示したら、少しずつお金を使う練習をはじめるとよいでしょう。**

たとえば買い物。幼児期は、目の前にあるものをすぐに欲しがります。そのたびに買ってあげるのではなく、**1回いくら、1日いくらと決め、その場で使ってもよい金額をお財布に入れてあげましょう。**

お金は使ったらなくなること、なくなったら買えないことを覚えます。

⇒詳細は56ページ

ウォンツだけでなくニーズも組み込んで

「1～2年生からが目安」と書きましたが、**3年生以降でも、もちろん大丈夫。**子どもは大人よりも物覚えがよいので、パパやママが一貫したおこづかい教育をはじめれば、金銭感覚はしっかりと養われていきます。第1～2章で基本をおさえたら、お子さんの年齢に応じたページを開いて、おこづかい教育をスタートしましょう。

すでに**ウォンツだけでおこづかいをはじめている場合、少し金額を増やしてニーズを組み込んでみましょう。**

教えて! おこづかい教育のギモン

Q. うちの子はもうすぐ1年生ですが、おこづかいはまだ早いような気がします。

A. 子どもの成長に合わせてOK。

子どもの成長や性格、親の考えなどに違いはあって当然。1年生で早すぎると思う場合は、2年生の進級時期に開始し、「お兄さん、お姉さんになるからあなたを信じて任せようと思う」と切り出してみましょう。

スタートが肝心？

おこづかい教育をはじめるなら子ども自身の「決断」がポイント！

子どもが「決める」、「続ける」ことが大切

おこづかい教育には、「何歳から？いくら？」より、もっと大切なことがあります。それは、**子どもがおこづかい制を理解し、「やる」と言ったうえではじめる**ことです。

おこづかい制をはじめるとき、金額や買うものの範囲、左ページで紹介している「おやくそく」などを、**親が一方的に決めるのはNG**。子どもとよく話し合ったうえで、最終的には**「自分で決めた」と思わせることが大切**です。自分で決めたからこそ、責任を持って続けることにつながります。

賢いおこづかい教育のはじめ方

1 おこづかいにニーズも含める

やりくりを学ぶため、**おこづかいにはニーズ（必要なもの）も含めます。**子どもが欲しいものにお金を使いきらないよう、あらかじめ、**1か月分の経費（文房具代など）も含まれていると伝えましょう。**「毎月ニーズに100円、ウォンツに200円渡すね」と、内訳を決めてあげるのもよいでしょう。

聞かせて！

先輩ママの体験談

子どもにうまく「決断」させて、スムーズにおこづかい制をスタートできました！

１年生になった長男との会話です。

○くんも小学生だからおこづかい制にしようと思うけど、どう思う？

お金くれるの？ ヤッター！ 何買ってもいいの？

いいけど、消しゴムやノートがなくなったら自分で買うのよ。い～い？

そのとき、お金がなかったらどうするの？

そうならないように考えて使ってね。できる？

わかった！

2 週１ではなく、月１単位で

おこづかいをあげる間隔は月１回がおすすめ。毎週あげていると「あと数日でまたもらえるから、使いきっても大丈夫」という発想になり、計画性が育ちません。
月単位で渡せば、今月だけでなく、**来月のことまで考えて使う訓練に**なります。

3 「おやくそく」も一緒に決める

おこづかいをはじめるときは、お手伝いも一緒に約束します。食後の片づけやお風呂洗いなど、**家族の一員として役割を果たすことを条件におこづかい制をはじめるとよい**でしょう。子どものできる範囲で、仕事に責任を持つよう教えましょう。学校のシューズを自分で洗うなど、自分のことは自分で行うという約束もアリです。
「おやくそく」は口約束でなく、紙に書いて残しておくと効果的です。⇒別冊２ページ

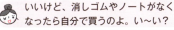

いくら あげたらいい？

「おすすめ額」を参考に子どもと話し合いましょう

金額はどこまで任せるかで異なる

平均額は下図のようになっていますが、こだわる必要はありません。**おこづかいの適正金額は、どこまで買うかによってまったく異なります。** **子どもの成長に合わせて買う範囲を広げ、渡す金額も増やして**いきましょう。金額が増えると子ども自身もうれしいし、何より信頼されていると感じることで、責任感が養われていきます。

中高生になったら、ケータイ代、通学定期代や飲食代などもおこづかいに含めてみましょう。自然と節約を覚えるようになります。

子どものおこづかい額の相場

親がどの年代でも、小学校までは約2,000円以下、中学校は2,000～5,000円、高校生は約8,000円以下というのが相場のようです。**おこづかいにニーズを含めると、中学生以上にはもっと多くの額が必要**になります。

子どもの年代／親の年代	未就学児	小学1～2年	小学3～4年	小学5～6年	中学生	高校生	大学生等
平均	1,745	938	1,123	1,442	2,585	5,644	27,902
20歳代	500	1,000	-	-	-	-	-
30歳代	1,752	993	1,653	2,187	3,185	8,077	6,668
40歳代	967	491	746	993	2,193	5,351	26,119
50歳代	-	420	1,472	1,723	2,904	5,888	27,584
60歳代	-	825	825	500	4,714	4,950	27,500

参考：金融広報中央委員会「家計の金融行動に関する世論調査［二人以上世帯調査］」2012年

おすすめのおこづかい額と内容

下図のように、成長に応じて少しずつ金額を上げながら、おこづかいに含めるニーズの範囲を広げていくとよいでしょう。学年が上がるにつれて、やりくりの難易度もアップします。

学年	金額の目安	おこづかいに含める内容 （小学１～２年以降は順次追加する）
未就学児	100～300	おもちゃ、おかし代
小学１～２年	200～500	えんぴつ、ノート、下敷き代
小学３～４年	400～1,000	本、雑誌、友だちへのプレゼント代
小学５～６年	600～1,500	ハンカチ、小物、服、交際費
中学生	2,000～10,000	飲食、塾や部活、交通費
高校生	5,000～30,000	昼食、通学定期、ケータイ代
大学生等	10,000～60,000	外食、衣類全般、教材費

■おこづかいで買う範囲を明確に

どこまでおこづかいに含めるかは、**春休みに「おこづかい会議」を開き、子どもと話し合って**決めましょう。

「子どもに決めさせる」ことを忘れずに。

■はじめてからの修正もOK！

●上手に管理できるとき
もう少し任せる範囲を広げ、金額を上げる。
●金額が多すぎると感じたとき
額を減らすのではなく、おこづかいで買う範囲を広げる。
●おこづかいの額が明らかに少ないとき
塾や習い事をはじめたなど、状況の変化が原因なら再度話し合って増やすことも。

これだけあればOK！

おこづかい教育に**必要な4つのグッズ**

限られたおこづかいでやりくりを

お金の教育というと難しく考えがちですが、実はパパ、ママの日ごろのやりくりを教えればよいのです。

子どもにとっては、**パパ、ママのお給料にあたるものがおこづかい、ボーナスがお年玉**です。毎月決まった金額のなかからニーズとウォンツを買って、やりくりを覚えます。

やりくりは体験から学ぶことが多いのはよくご存じでしょう。子どもにはそれなりの金額からはじめて、年々金額を上げながら買うものも増やしていくとよいでしょう。

おこづかい教育グッズ

●お財布

子ども専用のものを用意します。幼少期・小学校低学年のうちは、小銭入れのような小さなものでもOK。

成長に合わせて、お札やカード入れのついたものにしていきましょう。

●おこづかい帳

毎月のおこづかいで**何を買ったか、上手に使えたかどうか**を親子で一緒に確認できます。月に1回は、その記録を見て話し合いましょう。

⇒詳細は44ページ

おこづかい教育のために そろえるもの

おこづかい教育をするにあたって、必要なものを下に書き出しました。

お財布や貯金箱は、子ども自身が気に入っていることも大切です。できれば一緒に買いに行き、**「これでおこづかいを大切に使ってね！」**と声をかけましょう。

おこづかい帳は、本書の巻末に別冊をつけていますので、ぜひ活用してください。もちろん市販のものや、ノートに項目を書いてあげた手づくりのものでもかまいません。

銀行口座はすぐには必要ありませんが、お年玉など大きなお金をもらった機会に、子ども専用のものを用意します。詳細は46、48ページを参考にしてください。

●貯金箱

子どもの意思で「お金を取っておく」ことを習慣化させるために使います。銀行口座と違い、子どもが自由にお金を出し入れできます。

●子どもの銀行口座

おこづかい教育用に子ども自身の銀行口座をつくりましょう。**お年玉などの大きなお金を貯金**します。子どもが成長したらキャッシュカードを渡し、ATMの使い方も教えていきます。

⇒詳細は46、48、116ページ

やりくりの復習に！

おこづかい帳は楽しく続ける工夫が大切です

最初はパパ、ママが一緒に

おこづかいをあげたら、あげっぱなしではいけません。**おこづかい帳をつけて何を買ったか、どう使ったかを確認**することが大切です。

小学校低学年のころは、記帳を手伝ってあげましょう。算数の勉強ではないので、計算を間違っても叱らないで。**楽しいと思わせるのが長続きのコツ**です。

ママがつき合ってくれること自体、子どもにはうれしいもの。**「お金を使ったら記録」**の習慣がつくまでは、一緒につけるようにしてみましょう。

残高とお金が合わないときは

「残高とお財布のお金が合わない」ことは大人でもよくあることです。ましてや子どもなのですから、合わなくても当然と考えましょう。

差額を計算して「〇円違っているけど、何か〇円のもの買った覚えはない？」と聞いてみます。どうしてもわからない場合は「不明金」と書き、「今度から気をつけようね」と声をかけましょう。

もし、お金のほうが多ければ貯金箱に入れてもよいでしょう。

子どもと一緒に！ おこづかい帳のチェックポイント

上手にやりくりできたかどうか、おこづかい帳を見ながら子どもと復習しましょう。

- □ 残高は合っている？
- □ 買ってよかったものは？
- □ いらないものはなかった？
- □ 「おやくそく」は守れたかな？
- □ 次に気をつけるなら？

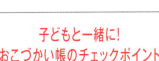

おこづかい帳を長く続ける6つのコツ

①ほめる

1か月つけたら、とにかくほめてあげましょう。字が下手でも、計算が間違っていても、1か月続いたことをほめてあげましょう。

②ごほうびシール

ごほうびシールをあげるのも効果的。子どもの喜びそうなシールを用意しておきましょう。そのほか、「よくがんばりました」などのハンコも喜びます。

③声かけ

つけ忘れて残金が合わなくなると、子どもはすぐにイヤになります。「今日はお買い物してたけど、おこづかい帳につけた？」といった声かけをしましょう。

④置き場所は食卓ちかくに

夕食前後に書き込めるよう、置き場所は食卓のそばを定位置にするのがおすすめ。えんぴつ、消しゴムなども一緒に置いておきましょう。

⑤途中でやめてもまた再開を

月の途中でやめてしまったとしても、また翌月からはじめましょう。残金は、今子どもが持っている額からスタートします。根気よく続けることが大切です。

大きなお金の管理は？

銀行で**子ども専用口座を**つくりましょう

子ども自身が自分のための口座をつくる

パパ、ママはボーナスが出たら、将来のため、またはいざというときのために貯金しますよね。子どもには、お年玉でその習慣を伝えます。

そのためにまず、**子ども自身の銀行口座をつくりましょう**。貯金を教えるために子どもが使う口座ですから、**親が子ども用に積み立てているものとは別に**します。

自分の貯金と感じてもらうために、子どもと一緒に銀行に行って口座を開設しましょう。

子ども専用口座をつくるには

ルール1 子ども（名義本人）が出向く

未成年が口座を開く場合、原則として**名義本人が保護者**（親権者）**同伴で行く必要が**あります（一部、郵送での口座開設が可能な銀行もあり）。その銀行に親が口座を持っていることが前提だったり、夫婦の署名が必要な銀行もあります。
口座の開設を考えている銀行に、あらかじめ問い合わせておきましょう。

ルール2 本人確認書類を持参する

親と子どもそれぞれにパスポートや運転免許証のような**顔写真入りの本人確認書類が必要**です。これらがない場合、健康保険証、母子手帳、住民票の写しなどのなかから２種類以上の証明書を求められるのが一般的です。
必要書類は銀行にもよるので、事前に問い合わせてみましょう。

おこづかい教育のヒント

銀行選びのポイント

普段の生活で使い勝手がいいだけでなく、長期的な利便性も考えて銀行を選びましょう。

・近所で生活圏にある
・通帳の発行がある
・支店やATMが多い
・できれば高校生、大学生になっても使える（地方から下宿したときのことも考えると全国区の銀行が安心）
・親の口座からの振り込み手数料がかからない

口座を使ったおこづかい教育

通帳、キャッシュカードは親が管理

通帳、キャッシュカードは、子どもが高校生になるまでパパ、ママが保管しておきましょう。暗証番号は忘れないようにメモをとり、カードと別に保管します。

子どもが高校生になったらキャッシュカードを渡しましょう。
⇒詳細は116ページ

入金はなるべく本人に

お年玉などの入金や記帳のときだけは通帳を渡し、本人にさせましょう。そのつど、ちゃんと記帳されているか確認を忘れずに。本人が入金することで、「ぼく、わたしのお金」という意識が持てます。

残高が増えたら、定期預金に

一定額以上になったら**定期預金に移すことも教えましょう。**
しばらく使わないお金は定期預金に入れると、普通預金よりは多少なりとも金利が高め。**将来的に普通預金と定期預金を使い分けることを考えるように**なるでしょう。

「預かっておく」はNG！

お年玉は〝貯金トレ〟のチャンスです

自ら貯金を望む子どもに

銀行口座をつくったら、貯金する理由や楽しさ、大切さも一緒に伝えて**貯金のトレーニング**を行いましょう。

「すでに、子どものお年玉はちゃんと貯金しています」という方も多いでしょうが、**子ども自身が「貯めている」という意識を持つことが大切**。「貯金しておいてあげる」と言うと子どもは取り上げられてしまうと感じ、「使わないと損」という感覚になります。

子どもには、**もらったお金を貯金する習慣を**つけさせ、**自らが望んで貯金するように**導きましょう。

貯金の理由をどう教える?

1 子どもの貯金にも目的をつくる

貯金をするのは何のためでしょうか？　パパやママの場合、子どもの大学資金やマイホームの頭金など、目的があるでしょう。

子どもも目標があると励みになります。自転車や習い事の道具など、**数年先に必要なものを貯金して買う経験をさせてみては**いかがでしょう？

お年玉では当分買えそうにない場合、毎月のおこづかいから積み立ててもよいでしょう。

2 予期せぬトラブルの備えにする

貯金のもうひとつの目的は、**予期せぬ出費に備えるため**です。たとえば、チャンバラごっこで傘を壊した、通学定期をなくしたときは、**子どもの貯金でおぎなうよう**にしてみましょう。親から叱られるより、自分の懐を痛めるほうが効果的。自己責任の学習にもなります。

⇒詳細は50ページ

貯める楽しさを教える

銀行に預金してもあまり利息はつきませんが、残高が増えるのは子どもにとってもうれしいことです。

お年玉や、帰省しておじいちゃんにもらったおこづかいなど**大きなお金が入ったら、まず「いくら貯金しようか?」と声をかけて**みましょう。残高が増えれば、利息も増えるでしょう。

教えて! おこづかい教育のギモン

Q. お年玉にもらったお金で、子どもにはまだ早すぎると思うものを欲しがります。

A. はっきり「まだ早いと思うよ」と伝えて。

クリスマスやお誕生日のプレゼント、お年玉で、高価なものやまだ早すぎるものをねだるのはよくあることですね。はっきりと予算やまだ早すぎることを話しましょう。その際に「ダメ」と言うのではなく「パパ、ママはこう思うよ」という言い方を。予算をあらかじめ伝えておくのもよいでしょう。

Q. 貯金を教えたら、おこづかいをあげても貯金ばかりで使おうとしません。

A. ニーズで買うものを増やして。

子どもに貯金の大切さがきちんと伝わったのはよいことですね。お金をあまり使わずに済んでいるということは、必要なものを買ってあげているのでは?

おこづかいで買うニーズを増やしてはどうでしょう。貯金ばかりというわけにはいかなくなります。理由もなくニーズの範囲を広げると、子どもは損に感じるので、誕生日や進級のときにタイミングを合わせましょう。

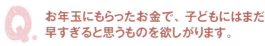

どう答える？

お金にまつわる子どものハテナ

赤白帽をなくしちゃった！ どうしよう？

探してもなかったら、自分のお金で新しく買おうね

もともとおこづかいで買うものではなくても、一度買ってもらったものをなくした、壊したときは、**自分で責任をとって、自分のお金から出すよう教えましょう。**

たとえば、お財布、赤白帽子、傘、水筒、自転車、通学定期、スイカやパスモといった電子マネーなどです。

少額であればおこづかいから負担しますが、足りない場合は子ども自身の貯金から買わせます。
こうすることで**自己責任という考え方を学び**ますし、何よりも**「叱らない子育て」**ができます。

誰でも失敗はあるもの。

失くして痛い思いをするのが子ども自身なら、親が叱る必要はありません。

一番こたえるのは本人なのですから。

ちょっとかわいそうな気もしますが、これも子どものため。

自己責任を教えるよい機会と考えましょう。


ちなみに通学定期やスイカなどの記名式カードの場合は、すぐに紛失届を出しましょう。

自転車を盗まれたときは交番へ。

盗難届を出した後に見つかったら、持って帰らずにそのことを警察に連絡しましょう。

第3章

幼児期・小学生のおこづかい教育

幼児期は準備期間、小学校入学から
本格的なおこづかい教育がスタートします。
ちょっとのミスを叱らないこと！
小さな額で失敗を重ねて、やりくりを学んでいくのです。
親の目の届くうちに、貯金の考え方も伝えておきましょう。

もう「買って、買って」と言わせない!?

育子、お手伝いに夢中だな
うんうん
この作戦、いいかも！
にやり
ねぇねぇ、これ、育子のお金で買える？
うん、9と8で98円100円より少ないから、育子のお金で買えるよ
やったぁ！
大成功！

できることから少しずつ！

幼児期にはおこづかい教育の準備をしましょう

金銭感覚の土台づくりは幼児期から始まる

まだ早すぎると思う方も多いでしょうが、実は幼児期のおこづかい教育はとても大切です。「三つ子の魂百まで」というように、**幼児期のお金とのつき合い方は、子どもの将来の金銭感覚を大きく左右する**ことになります。

小学校入学時にスタートする本格的なおこづかい教育の準備段階として、特に重要なポイントを紹介します。

ガマンすることを教える

「これ買って！ これ欲しい！」といったおねだりの際、そのときの親の気分やものの金額で判断すると、子どもはルールがわからず戸惑います。

欲望のコントロール＝ガマンを教えるには、**子どもにもわかるルールを決めるのが効果的。買い物1回にいくらまでという金額を決めましょう。**

⇒詳細は56ページ

パパ、ママにも必要なガマン

おねだりされたものが少額であれば、買ったほうが親としては楽。子どもの喜ぶ姿はうれしいものです。しかし、**一度ルールをつくったら、パパ、ママもそれを守るように**しましょう。

「買ってあげたい」という親の欲望にもガマンは必要。お金に頼らない愛情表現を心がけたいものです。

幼児期にできるおこづかい教育

1 買い物にお手伝い感覚を

日ごろの買い物では、**お手伝いをしている実感がわくように、子どもに専用のカゴと買い物リストを持たせます**。牛乳やパンなど、子どもにも身近な食材からはじめましょう。

「何を買ってもらおう？」と欲しいものを探す状態から、「今日のお買い物は……」とお手伝いに集中するようになります。

同じものでも値段が異なること、商品の選び方を学ぶことにもつながります。

2 慣れてきたら ひとりでおつかいに

買い物のお手伝いに慣れてきたら、さらにステップアップ！　**店の入口で**お金を渡して、**「いつものパンを買ってきて。ママはここで待ってるから」**と伝えます。
おつかいはお金に接するよい機会。近くにひとりで行かせられるお店があれば、**思い切っておつかいを頼みましょう**。最初は1品から、次第に数を増やしましょう。

3 自分のものは自分で買う

保育園や幼稚園に行くようになると、**園で必要なもの**がでてきます。それらは買っておいてあげるのではなく、店で**子どもにお金を渡して子ども自身が買うように**しましょう。

自分が使うものにはお金がかかっていること、渡したお金と買ったものが同じ価値だということを学びます。

おねだりをやめさせるには？

「買って、買って」攻撃への対処法は「100円でお買い物」です！

パパ、ママは子どもに試されている!?

スーパーやショッピングモールに行くと子どもは必ずといってよいほど、おねだりをはじめますね。ガチャガチャやカードゲームを前に、「これ買って！」「これほしい！」――。

大泣きしたときに買ってしまうと、次もそうすれば買ってもらえると子どもは思います。「今日はお金を持ってないから」と言うと、「持っている日は買ってもらえるんだ」と子どもは考えます。毎回、毎回、子どもなりに、**どうすれば買ってもらえるかと考え、パパ、ママの反応を試している**のです。

Step 1 店で100円を渡して「自分で買う」練習をさせる

買い物に行くとき、たとえば**月１～２回まで**と回数を決め、**子どもに100円を渡します**。「それで買えるものを買ってもいいよ」と声をかけましょう。

「１個まで」と個数ではなく、**金額で区切るのがポイント**。店で値段を見ながら買い物することを覚え、数の勉強にもなります。レジでのお会計も、子ども自身にさせましょう。

子どもに渡す金額は**１か月あたり200～300円が目安**。小学生になってから渡す予定のおこづかいの額以上にはならないようにしておきます。

子どもが買うものを尊重して！

一度お金を渡したら、そのお金で何を買って、何をガマンするか決めるのは子ども自身です。パパやママがあれこれ口出ししないようにしましょう。

「そんなものが欲しいの？」なんて言うと、子どもの個性の芽が枯れてしまいます。子どもが限られた予算内でやっと選んだもの。よほど危険でなければ、子どもの意思を尊重しましょう。

教えて!
おこづかい教育のギモン

Q. 子どものカードやシリーズもののコレクションにパパがハマってしまって、際限なく買ってきます。

A. 口実をつくって渡すようにしましょう。

コレクションものは、子ども以上にパパやママがハマっている場合があります。でも子どものためのおもちゃであれば、やっぱり一定のルールが必要です。

お誕生日やクリスマスなどにまとめて渡したり、習い事を頑張ったときに渡すなど、何か口実を見つけて渡すようにしましょう。

Step 2 子どもに自分の財布を持たせる

お子さんが３歳になっていたら、**自分の財布を持たせる**とよいでしょう。いつも手渡していた金額を、家を出る前に財布に入れてあげましょう。

自分の財布からお金を払うと、「使ったらなくなる」ことを体感します。欲しいものをそのつど買ってもらっているとそれがわからず、なんとか買ってもらおうと考えます。おねだり上手になる練習をしているようなものなのです。

自分の欲しいものを自分の財布から買う→お金がなくなる→なくなったらもう買えない。そういった体験を繰り返すことが大切です。

Step 3 貯めればもっとよいものが買えることを教える

１回100円ずつの買い物に慣れたら、貯めることも教えてあげましょう。**「今日買うのをガマンすると、次に200円のものが買えるよ」**と言うと、お金を貯めることで買うものの選択肢が広がることがわかってきます。

賢いお年玉の渡し方は「コインでジャラジャラ」

“ジャラジャラ”のお年玉でコインの勉強を

幼児期はお札よりもコインに興味を持ちます。**パパ、ママからのお年玉はコイン**にしてみましょう。

お金にはいろいろな種類があり、それぞれ金額が違うことを知ります。

コインの種類の教え方

同じ500円でも、**500円玉１枚ではなく、いろいろなコインで渡して**みましょう。実際のコインを使って、「**100円玉は10円玉10枚と同じだよ**」などと説明するとよいでしょう。

ただし、お遊びになってお金を粗末にしないように気をつけて。お金はおもちゃとは違うことを伝えましょう。

‖

 ×10枚＝10円

 ×３枚＝150円

 ×２枚＝10円

 ×２枚＝200円

 ×13枚＝130円

1円の大切さを教えて

お金に興味を持つと、やたら欲しがるようになります。ママの財布から拝借することもあるかもしれません。

そのときは、**いけないことだとはっきりと叱りましょう。**また、親自身もお金を適当なところに置きっぱなしにせず、しっかり管理します。**たとえ1円でも大切なお金だと伝えましょう。**

教えて!

おこづかい教育のギモン

Q. **うちの子どもはチラシに興味があるようで、よく眺めています。チラシを使った上手なお金の教え方はありますか？**

A. チラシを使ってお買い物ごっこをしてみては。

子どもの関心ごとにからめてお金のことを教えるのはとてもよい方法です。スーパーのチラシを開き、「100円玉で買えるものはどれ？」「バナナは78円だから100円玉で買えるね」などとクイズを出してみるとよいでしょう。

機会を見て実際にチラシのものを買いに行き、子どもに渡したお年玉で買ってもらいましょう。

そして食卓で「今日のきゅうりは○ちゃんが自分のお金で買ってくれたんだよ。おいしいね」と家族みんなに話します。

こうした体験で、人のためにお金を使って喜んでもらうことを知ります。お金は自分のためだけに使うのではなく、人のために使う方法もあることに気づいてもらいましょう。

Let's try!
クイズでマネー教育
～幼児期編～

Q. 100円玉と同じ金額のものはどれ？

このページは
答えの部分を手で隠して
子どもに見せましょう！

答え

Q１：すべて100円
Q２：3つ（ティッシュ、えんぴつ、ノート）

Q. このなかにニーズ（必要なもの、ないと困るもの）はいくつ？

「いい成績ならおこづかい」はアリ?

と、思うでしょ！
びくぅ
!
テストの点数でお金をあげてると、頑張るのは自分のためじゃなくてお金のためになっちゃうんだって
ビシッ
だから、テストのごほうびは明日の晩ごはんにしようと思うの
ぐつ
ぐつ
あ、それで明日カレーなんだ？
なるほど
ポン
そう、育子の好きなお星さまのカレー
キラッ
そのポーズはどうだろう…

入学時にぜひスタートを！

小学生はおこづかい教育の〝基礎トレ期間〟です

定額制のおこづかいでニーズも買う

小学生になったら、本格的におこづかい教育をはじめます。ポイントは毎月のおこづかいからニーズ（必要なもの）も買うこと。親の目の届く小学生のうちに、やりくりを教えましょう。

●ニーズを自分で買うと

①自分のものは自分で気にかけ、準備するようになる

②自分の財布から買うので、ものを大事に使うようになる

③ウォンツに使いすぎてニーズの分が足りなくなり困った経験から、先のことまで考えるようになる

基礎トレ1 おこづかいの額を決める

話し合ったうえで、自分で額を決めたと思うよう導きましょう。親から一方的に決められたことには反発するもの。**自分で決めたからこそ、責任を持てるのです。**機会をとらえて、自己決定、自己管理のできる子になるよう導きましょう。

■小学生のおこづかいの目安

下記の金額を目安に、お子さんの様子を見ながらどこまで任せられるか考えたうえで、話し合って決めましょう。

1年生	200～300円	ノート、えんぴつ、消しゴム、下敷きなど新入学時にそろえたものがなくなったら自分で買う
2年生	300～500円	ふで箱、色えんぴつ、絵具や半紙などの補充
3年生	400～600円	文房具に加えて、本やお友だちへのプレゼント代
4年生	500～1,000円	ジュースやお友だちと出かける際の運賃や昼食代など
5年生	600～1,200円	お友だちとの交際費は一切含む
6年生	800～1,500円	塾や習い事の交通費、飲食代 服に好みが出てくるころ、衣類の一部を任せてみる

教えて! おこづかい教育のギモン

Q. **おこづかいをあげると、全部使ってしまうのではないかと心配です。**

A. **「信じている」態度が大切。なくなってもいい額からはじめて。**

なくなればまたもらえると思っているなら、使いきってしまうかもしれません。子どもに泣きつかれても、甘やかさないこと。転ばぬ先の杖、ではなく、転んで痛い思いをすることも大切です。使いきって困る経験をさせてみましょう。

何より信頼しているという親の態度が大切です。使ってしまってもゆるせる金額からはじめてみましょう。

基礎トレ2 「おやくそく」を決める

おこづかいをもらえるのは決めた約束を守っているから。**家族の一員としてのお手伝いや自分のことは自分でするといったルール**を決め、それを記録に残しておきましょう。
⇒詳細は39ページ

基礎トレ3 おこづかい帳をつけて話し合いを

おこづかいをあげたら、あげっぱなしではなく、月1回はそれを見て話し合いましょう。
⇒詳細は44ページ

基礎トレ4 進級とともに額を上げて任せる範囲も増やす

学年が上がるごとにおこづかいの額も上げ、任せる範囲を増やしていきましょう。
任される金額が増えるということは、それだけ信頼されているということ。
そう感じてもらうよう子どもを導くことが大切です。
⇒詳細は78ページ

ごほうびにお金をあげてもいい？

お手伝い、テストとおこづかいのカンケイ

評価はお金より愛情で

お手伝いのつどお金をあげる、テストの成績がよかったらお金をあげることは、あまり感心しません。考え方はそれぞれですが、おこづかい教育には弊害があります。

お手伝いはお金のため？

お金は働いて稼ぐものだと教えたいために、お手伝いのつど10円、１００円とあげる方がいます。ただ、それでは「お手伝いをするのはお金のため」ということになりませんか？

お手伝いは本来、お金をもらえなくてもするべき家族のつとめ。本書でお手伝いの「おやくそく」を決めるようにすすめている（39ページ参照）のは、**お手伝いという家族のつとめを果たしているからこそ、おこづかいをもらえる**のだと子どもに覚えてほしいからです。

稼ぐことを簡単だと勘違いさせない

本来、稼ぐのは簡単なことではないはず。働いて**家庭の外から**お金をもらうのが「稼ぐ」ということです。子どもがお手伝いによって家でお金をもらっても、それは稼いだことにはならないし、本当の大変さは伝わりません。

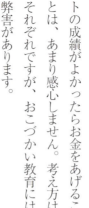

成績アップはおこづかいのため!?

お手伝いと同様に、成績の評価をお金に換えることもおすすめしません。「よく頑張ったね。ママ、とってもうれしいよ」と言葉をかけ、夕食に好物をつくったり、おやつをちょっと豪華にするなど、お金ではなく、ひと手間かけてあげてはいかがでしょう。**勉強するのはお金のためではなく、自分自身のため**なのですから。

頑張りに対する評価はパパ、ママの喜びの表現で

お手伝いをしたり、いい成績を取ったら、パパ、ママが本気で喜んでくれる。そのことが子どもにとっては何よりもうれしいのです。

こんな尊い感情をお金に換えないで、うんとほめてあげましょう。親子の愛情はプライスレス。お金では買えない親子の絆をはぐくんでいきましょう。

■お金に代わるごほうびの表現

*「よくできたね！」ととびきりほめる
*「ママ（パパ）うれしいな」と伝える
*夕食に、お子さんの好きなものをつくる
*おやつをお子さんの好きなものや、ちょっと豪華なものにする
*以前から「いつかね」と言っていた約束を実行する（上映中のアニメ映画を観に行く、一緒におかしをつくるなど）
*お風呂に一緒に入る
*寝る前に好きな本を読んであげる

「よそはよそ、うちはうち」？

友だちづき合いとおこづかいの問題は「みんなと一緒」でなくていいと教えましょう

ブレない我が家の方針を

小学生になって必ずといえるほど出てくる問題、それは友だちづき合いとお金の話です。

どんな状況にあっても、我が家なりの方針を持つことが大切です。

「みんな持ってる」に踊らされないで

「みんな持ってる」の「みんな」は、全員ではなく「友だち数名」。人が持っていても、買う理由になりませんね。

＊今買う？
＊誕生日やクリスマスを待たせる？
＊お年玉を貯めて買わせる？
＊我が家の方針では持たせない？

パパ、ママが判断し、子どもと話し合うことが大切です。

お金のトラブル事件簿

深刻度★★☆

友だちにお金を貸して返してもらっていなかった!

自分でお金を稼げるようになるまでは、**お金の貸し借りや、友だちにおごったり、おごってもらったりということは基本的に禁止。**トラブルのもとにもなるので、はっきりと言っておきましょう。

お金はパパやママが一生懸命に稼いだ大切なもの。まだ自分では稼げない子どもが、自由にできないことがあっても当然です。

友だちと出かけるときに持たせるお金は？

友だちと出かけるときにいくら持たせるかも悩みの種ですね。「みんなは○円持ってくるんだって」と言われても、その通りでなくてもよいのです。

まずは、**「何にいくら使う」という予算を立てさせましょう。必要な分だけをあげ、足りない場合は自分のおこづかいから出させます。**心配なら少し多めに持たせ、余分は帰ってから返してもらうのでもよいでしょう。

人に合わせる必要がないことも教えていきましょう。

高学年になったら交際費もおこづかいから

5〜6年生になったら、お出かけのたびにお金を渡すのではなく、友だちとの**交際費も普段のおこづかいに含めて**おきます。友だちとのお出かけは突発的なことが多いので、やりくりはより難しくなります。

通常のおこづかいには含まない、部活の遠征や修学旅行（準備も含む）などは**「臨《りん》時《じ》予《よ》算《さん》請《せい》求《きゅう》書《しょ》」**を書くように指導しましょう。

⇒詳細は100ページ

教えて！

おこづかい教育のギモン

Q. 友だちに仲間はずれにされるから、ケータイを欲しいと言われました。

A. 「友だちが〜」ではなく、自分がなぜ必要に思うのかを聞いてみて。

ケータイはとても便利ですが、同時にいろんな弊害もあります。本当に必要なのか、ケータイで何をしたいのかを聞いてみましょう。

そのうえで、買ってあげる場合は使い方や料金について事前に「おやくそく」を決めるとよいでしょう。⇒詳細は74ページ

イベントも
おこづかい教育に？

お出かけは「特別おこづかい」でやりくりさせましょう

イベントを利用して自己管理の練習を

旅行や帰省など、家族での**お出かけのときは「特別おこづかい」をあげてやりくりを任せてみましょう。**額は大きくなりますが、親の目が届くので安心です。楽しみながら、自然と金銭感覚が育ちます。

お財布と相談するのがやりくりの基本

低学年の間は、旅行中の飲み物やおやつなどを「特別おこづかい」から払います。高学年になったら、昼食やお土産代も含めるとよいでしょう。「これ買って！」「あれ食べたい！」がなくなり、子どもはお財布と相談して買うようになります。

特別おこづかいの範囲

子どもにどこまで任せるか、下の図を目安にしましょう。5～6年生になったら、子ども自身が事前に料金を調べて親に請求するようにします。

パスモやスイカを持っていれば、チャージを自分でさせてみましょう。いくらチャージして、いくら現金で持っておくか自分で考えることも大切です。

1～2年生	乗り物代、ジュース、おやつなど
3～4年生	加えて昼食代、お土産代など
5～6年生	自分でいくらかかるか前もって調べて請求する形をとる

運賃を現金で払う経験を

電車やバスで一日お出かけするときは、**事前に運賃を調べて「特別おこづかい」に含めましょう。**日ごろは定期や電子マネーを使っていて実感しづらいですが、電車やバスに乗るにもお金がかかることを教えるよい機会です。自分で切符を買わせてみましょう。

券売機で買うのは手間ですが、現金払いをして、しっかりと金額を意識するようにします。

家族旅行全体の予算を立てる

ひとりのやりくりに慣れたら、旅行のスケジュールやそれに伴う予算を一緒に考えて、「家族旅行のしおり」をつくってみては？
写真や感想などを添えて、予算と決算書をつけてまとめると、立派な自由研究にもなります。

みどりゆうえんちのしおり

時間	予定	内容	予算	決算	コメント
9:00	行き	電車 最寄駅からみどり駅へ	大人520円×2人 子ども260円×1人 合計1,300円	1,300円	
10:30	入場	入場料＋乗り物フリーパス	大人3,800円×2人 子ども2,600円×1人 合計10,200円	10,200円	前売り券を買っておけばよかった
12:00	昼食	カツカレー1,000円 ナポリタンセット1,000円 わくわくランチ800円	2,500円	2,800円	思ったよりも多くかかった
15:00	間食	アイス210円	300円	210円	アイスをＳサイズにして出費を抑えた
17:00	帰り	電車 みどり駅から最寄駅へ	大人520円×2人 子ども260円×1人 合計1,300円	1,300円	
合計			15,600円	15,810円	210円オーバー

まとめ：少しオーバーしたけど、ほぼ予算通りにできた。

スイカ、パスモを「魔法のカード」にしない使い方を教えます

見えないお金とのつき合い方

子どもが最初に出会う見えないお金はスイカやパスモなどの電子マネー。タッチするだけで電車やバスに乗れてとても便利です。

その反面、乗り物代だけでなく自動販売機やコンビニでも使えるため、運賃以外のものに使わないか心配するママもいるでしょう。

とはいえ、スイカやパスモは**クレジットカードの前段階として見えないお金を使うよい練習になります**。使い方を事前に伝えたうえで、渡すとよいでしょう。

どこまで任せる？ スイカデビューのステップ

●交通費だけからスタート

スイカを使いはじめたばかりのときは、交通費だけにしておきましょう。

●「週１回ジュースだけ」などステップアップ

「スイカで何か買ってもいい？」と聞かれたら、「ジュースだけ週１回」などの約束事をつくるとよいでしょう。

●4～5年生には管理を任せて

交通費もおこづかいに含めるようになったら、スイカでの買い物やチャージの判断を任せて、見えないお金の管理を練習させましょう。

おこづかい帳の記帳方法

チャージしたときにお金を使ったことになるので、チャージした日に金額を記入します。交通費以外のものを買ったら「スイカでジュース（120円）」としておくと後で確認できます。

日《ひ》にち	内容《ないよう》	もらったお金《かね》	使《つか》ったお金《かね》	今《いま》あるお金《かね》
5／2	おこづかい	1,000		1,500
5／3	スイカチャージ		1,000	500
5／5	スイカでジュース		（120）	500

子どもに渡すときのポイント

1 電子マネーは お金の入ったお財布

電子マネーは魔法のカードではなく、使い道の限られたお財布だと教えましょう。この中に入っている金額分だけ電車やバスに乗ることができます。

●子どもがスイカを持つには？
スイカの場合、最初の購入時に2,000円必要。うち500円が預り金で、カード代ともいえる（財布でいえば財布代）。

子ども用は子ども料金の運賃で決済され、小学６年生までと期間が決まっているので、購入には健康保険証などが必要。

2 オートチャージは×

子ども用でも、一部クレジットカード会社経由でオートチャージ式（残高が少なくなると自動的にクレジットカードでチャージするもの）をつくれます。便利ですが、子どもに持たせると魔法のカードに。**カードの中のお金でも使ったらなくなることを教えるために、プリペイド式**（先払いでチャージしておかなければならないもの）を選びましょう。

3 残高を確認する

使えるのはカードに残っているお金だけ。不足する前にチャージしないといけません。下車駅で**改札機にタッチするときは、残高を見るように**言っておきましょう。

4 失くしたら すぐに届けを

失くしたらすぐに駅員さんか駅の窓口に連絡するように言いましょう。子ども用は記名式なので、ほかの人の使用をストップできます。

再発行は翌日以降。再発行手数料500円と、預かり金500円、合計1,000円が必要です。このお金は、失くした子ども本人が負担することをあらかじめ教えておきましょう。

まだ早い？
トラブルが心配……

ケータイは「我が家のルール」を決めて持たせましょう

機種やサービスを選び家庭でもルールづくりを

小学生のうちから子どもにケータイを持たせる家庭は年々増えています。子どもにいつでも連絡がつく点では安心ですし、今どこにいるかわかるGPS機能や防犯ブザーなどもあり、防犯用として持たせる方も多いでしょう。

ケータイは便利ですが、さまざまなリスクもあります。**最大のリスクは、パパ、ママの知らないところで、インターネットを使って他人とつながること**です。

有害サイトにアクセスできないようフィルタリングは必須。低学年のうちからケータイを持たせる場合は、ネットができない子ども用ケータイでも十分です。子どもの好みで機種を選ぶのではなく、目的を話し合ったうえで上手に選んで利用しましょう。

ケータイを渡す際には、**家庭でルールをつくります。**学年が上がったり、機種変更をするつど、書き直して新たなルールをつくっていきましょう。

おこづかい教育のヒント

ゲームやパソコンを使ったネットトラブルにも注意

インターネットにつながるのはケータイだけではありません。ゲーム機の多くはネットに接続し、知らない人とも対戦できます。「ネットにつなぐのは家族のいるリビングのみ」など、ルールをつくっておきましょう。

高学年になれば、家のパソコンを使うようになるでしょう。**ネットの有害情報をブロックし、利用時間を制限できるソフトを設定して**おきましょう。

ケータイのメリット・デメリットと対策

	メリット	デメリット	対策
通話	急ぎのときに電話で話ができる	知らない人から電話がかかってくることがある パパやママの目の届かないところで、知らない人にかけてしまうことがある	電話帳に登録していない番号からの電話は着信拒否の設定にする ダイヤル発信制限をかける
メール	相手の都合を気にせず気軽に連絡ができる 友だちのメールのネットワークに加われる	迷惑メールが届くことがある 友だちとのメールのやりとりに夢中になりやすい	迷惑メール受信拒否を設定する
ネット	簡単に調べ物ができる	有害なサイトにアクセスしてしまうことがある ネットを時間つぶしに使ってしまう	ＷＥＢ制限を設定する アクセス制限サイトを設定する アクセス制限時間を設定する
その他	ＧＰＳ機能で子どもの現在地がわかる 防犯ブザーで周囲に危険を知らせられる	ケータイをなくすと個人情報の流出になる	ケータイに暗証番号を設定し、親子で共有する

我が家のケータイルール（例）

1．食事中はケータイを見ない
2．学校には持って行かない
3．家では家の電話を使う
4．夜９時には電源を切る
5．電車の中では使わない
6．知らない番号からの電話には出ない。またかけ直さない
7．知らない人からのメールには返事しない
8．知らない人からのメールに書いてあるサイトにはアクセスしない
9．人の悪口など直接言えないことはメールにも書かない
10．家族、友だち以外の人に番号やアドレスを教えない

＊これが守れなかったときは、２週間ケータイをママに預けること！

甘やかされてどうしよう？

おじいちゃん、おばあちゃんも一緒におこづかい教育を

おじいちゃんたちにも協力のお願いを

子どもにしっかりとおこづかい教育をしたいのに、おじいちゃん、おばあちゃんが甘くて困るといった悩みは多いもの。でも甘くて当然。孫がかわいくてしょうがないのです。それを**愛情表現と認めたうえで、おこづかい教育への協力をお願い**してみましょう。

おじいちゃん、おばあちゃんとのつき合い方

おこづかい教育には、おじいちゃん、おばあちゃんの協力も大切です。子育ての先輩ですから、ちゃんと話したらきっとわかってもらえるはず。親以上に、孫の将来を気にかけているものですよ。

ものを買ってもらう場合

おもちゃなどのウォンツを買ってもらうのは誕生日やクリスマスだけ。**それ以外は**おもちゃのようなウォンツではなく、**服や靴などのニーズをお願い**します。ニーズであれば、家計も大助かりですね。

お金をもらう場合

おじいちゃん、おばあちゃんからおこづかいをもらったら、子どもといっしょに喜びましょう。「またもらったの？」と叱ると、もらっても隠すようになります。

一緒におこづかい帳に記入し、金額が多く感じたら、貯金するように促します。

おじいちゃん、おばあちゃんの誕生日や敬老の日には、もらったお金の一部でプレゼントを買うよう、子どもにすすめましょう。

少額を頻繁にもらう場合は、それをおこづかいにあててもよいでしょう。

おじいちゃん、おばあちゃんへのお願い

お孫さんがかわいくて何かしてあげたいと思ったら、お金ではなく、手間ひまかけることを考えてみましょう。お金を渡すことは簡単ですが、お金には換えられない、もっと心に残る愛情表現がきっとあるはずです。

お孫さんにおもちゃなどをねだられた場合はパパ、ママに「買ってあげてもいい？」と聞いてからにしましょう。おこづかいをあげるときは「これで好きなものを買いなさい」ではなく、「ちゃんとおこづかい帳に書いてから買い物するのよ」と言い添えましょう。

パパ、ママはお孫さんが将来お金に振り回されない大人になるよう、一生懸命おこづかい教育をしています。その頑張りを認めて、ぜひ協力してあげましょう。

1年の集大成！

春休みはおこづかい会議を開きましょう

おこづかい会議で反省会と値上げ交渉を

学年が上がる春休みには、家族でおこづかい会議を開きましょう。**1年間のやりくりの反省と、4月からのおこづかいの額を決めます。**

子どもにとってもおこづかいが増えるのはうれしいものです。**徐々に任せる範囲を広げ、額も増やして**いきましょう。ただなんとなく「1学年上がるから100円プラスね」とすると、後から「足りない」などの不満も出がち。**おこづかい会議で子ども自身に予算を立てさせることで、月々のやりくりにも身が入ります。**

おこづかい会議の進行手順

1 1年間の反省を

まずは**1年間おこづかい制を続けられたことをほめてあげましょう**。次に、1年間やってみてどうだったか感想を聞いてみましょう。

- **よかった点**
- **よくなかった点**
- **困ったこと**
- **失敗したこと**

これらを子ども自身の口から言わせることが大切です。パパやママが先回りして「この月はおこづかい帳をつけていないじゃない」などと言わないように。子どもは自分でちゃんとわかっているはずです。

2 おこづかい帳のチェック

子どもの反省を聞いたら、今度はパパやママがおこづかい帳を見て、気づいたことをほめてあげます。**もし注意点が見つかってもしからないこと。**「今月はどうして足りなくなったのかな？」など「疑問形」で聞くようにしましょう。

3 予算を立てる

値上げ額はただ漠然と決めるのではなく、**子ども自身が予算を立てて交渉するように**導きましょう。

例

- 4月からは自分で○○も買うので、その分が100円
- お友だちの誕生日プレゼントは1人300円×8人分＝2,400円、月あたり200円
- 塾の電車賃は80円×月5回＝400円

4 おこづかいの額を決める

予算を立てさせると、子どもはウォンツばかりに目が行き、多めに請求してきます。パパやママは、**ウォンツの前にまずニーズを考えるよう**促しましょう。**学年が上がることによって発生するニーズを並べてみて**、そのなかでどれを子ども自身が買うか話し合って決めます。

その後で、子どもが出したウォンツのうち、多すぎると思うものの額を減らしましょう。

5 「おやくそく」の再確認と変更

おこづかいをもらえるのは家族の役割を果たしているから。「お手伝いはできた？」と声をかけ、**最初の約束を実行できたかどうか、確認**します。変更の希望があれば相談に応じましょう。

高学年になると塾や部活で忙しく、お手伝いの時間をとりにくいかもしれません。その場合は**「自分で朝起きる」「夜は10時までに寝る」**などといった、生活習慣のルールなども含めてみましょう。

家計の話は子どもに内緒？

「我が家の家計」は子どもと一緒に考えます

子どもが高学年になったら、おこづかいのやりくりだけでなく「おうちのお金」についても徐々に教えていきましょう。

＊お金はパパ、ママが稼いだ分しか銀行になく、使えるのは口座の残高の範囲内だということ

＊我が家のお金が何に使われているか

＊工夫して節約し、将来のために貯金をしていること

子どものころからお金の流れを伝えておくことは、将来家庭を持ったときに役立つはずです。また、子どもに回せるお金が限られていることを実感し、おこづかいも大事に使ってくれるでしょう。

お金はどこからくるの?

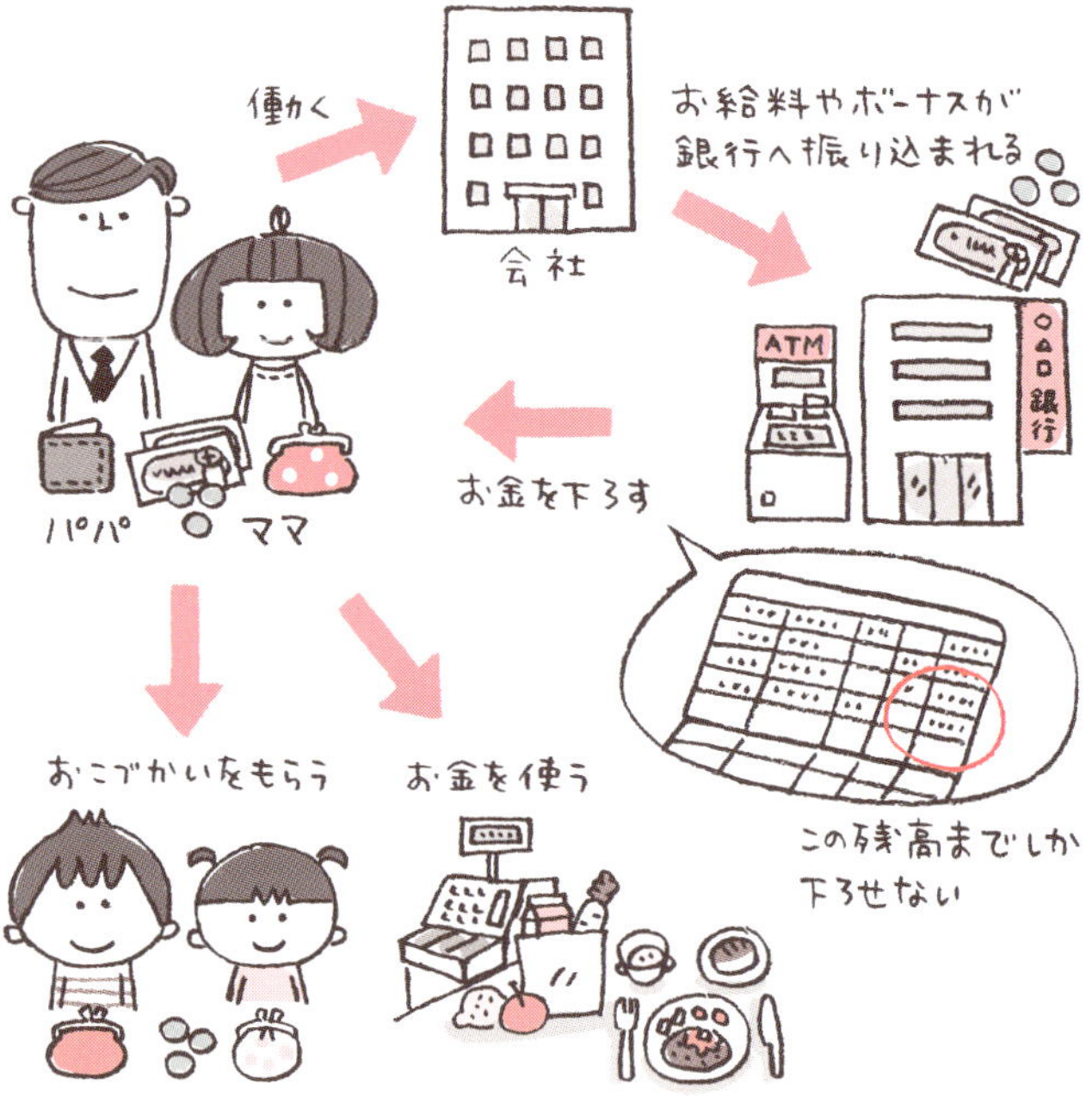

「お金はね、パパ、ママがお仕事をして、そのお給料が銀行に振り込まれるんだよ。そのお金を銀行から下ろして使っているんだから銀行に行けばいくらでもあるわけではないよ」と伝えます。通帳を見せてあげてもよいでしょう。

お金を何に使っているの?

家族みんなが生活していくのに、多くのお金がかかっていることを話してみましょう。家計簿をつけている人は、我が家の家計を教えてあげましょう。

使って出ていくお金

家族が生活していくうえで必要になるお金。いわゆる「生活費」です。

＊食費
＊住居費
＊水道光熱費
＊被服費
＊保健衛生費
＊交通・通信費
＊教育費
＊教養娯楽費
＊パパ、ママのおこづかい
＊自動車関係費
＊その他

使ってなくても出ていくお金

生活費のなかには入っていないけれど、払っているお金もあります。

＊税金

国民がみんなのために出し合うお金。学校や図書館、道路や橋などをつくったり、公共サービスなどのために使われる

1）買い物をするとかかる消費税
2）お給料から引かれる所得税・住民税
3）家や土地にかかる固定資産税・都市計画税
4）自動車にかかる自動車税

＊社会保険料

国民みんなが支払っている、国や地方自治体が運営する保険の保険料

1）健康保険料
病気やけがのときにお金の負担を抑えるための保険
2）年金保険料
年をとって働けなくなったときなどに年金をもらうための保険

＊私的保険料

強制ではなく、自分の意志で保険会社と契約して入る保険のこと

1）自動車保険　2）火災保険　3）生命保険　など

貯めているお金もあるよ

なんのために貯めているかを教えてあげましょう。貯金を少しでも増やすために節約していることを話せば、子どもも協力してくれるでしょう。

●貯金の目的

＊子どもが高校や大学に行くため
＊住宅ローンをまとめて返すため
＊車を買い替えるため
＊パパ、ママが年をとって、働けなくなったときのため
＊予想していなかったことが起きて、急にお金が必要となったときのため

エコ（＝エコロジー）な生活で家計もエコ（エコノミー）に

子どもと一緒にエコ生活

ご家庭で「節電」「節水」などの生活を子どもに教えていますか？

大切にしたいものはお金だけではありません。**ものを大切にする、資源を大切にするこころも同時に育てていきましょう。**

やってみよう! **WORK SHEET**

エコ感覚をチェックしよう

電気

- □ 見てないときはテレビを消す
- □ 誰もいない部屋の電気は消す
- □ クーラーの設定温度は28℃に
- □ 暖房の設定温度は20℃に
- □ 冷蔵庫を開けたら、すぐに閉める

ガス

- □ お風呂はなるべく家族で続けて入る
- □ シャワーを出しっぱなしにしない
- □ お風呂の水位を低めにする

水道

- □ 歯磨き中は水を止める
- □ 洗濯にはお風呂の残り湯を使う

その他

- □ エコバッグを持参する
- □ シャンプーやリンスは詰め替え容器を買う
- □ ペットボトル入りのお茶を買うのをやめて、家で麦茶をつくる

節約の努力は結果が見えると続く

　節電や節水をすると、成果が月々の料金に表れます。下のような一覧表を子どもにつけさせてもよいでしょう。

　努力が結果となって見えると、子どももエコ生活が楽しくなります。親から言われてイヤイヤではなく、**自分からすすんでするように導きましょう。**

　「もったいない」という習慣は、ものを大切に使うことにつながります。子どもの頃から続けていれば、大人になっても実践できるでしょう。

我が家の料金一覧表（例）

	電気	ガス	水道
1月	10,929	7,028	6,992
2月	11,081	7,465	―
3月	10,354	7,885	6,815
4月	9,884	7,059	―
5月	8,773	6,633	6,756
6月	7,435	5,670	―
…			

気をつけること

電気:暖房の設定温度は20℃にする

ガス:お風呂は続けて入る

水道:シャワーは出しっぱなしにしない

夏休みの悩みの種!?

自由研究で「お金」をテーマに調べてみましょう

「お金」は立派な研究テーマ

夏休み、最後まで残ってしまう宿題のひとつが「自由研究」です。「何したらいい?」と子どもに泣きつかれ、困ったことのあるパパやママも多いのでは? おこづかい教育の一環として、「お金」をテーマにするという方法があります。

- **夏休みのお出かけのとき、行き方や運賃を調べてレポートにする**
- **チラシを使って、同じものでも店や時期によって値段が違うことを比較する**
- **外食と家での食事の値段を比較する**

お金を使った自由研究のポイント

1. 子どもが興味のあるものをテーマに

乗り物が好きなら、電車の運賃の調査、おかしが好きなら、おかしの値段の比較などを提案してみましょう。

2. 方法は教えても、結果は教えない

「運賃を調べるってどうするの?」

「ものの値段はどうやって調べるの?」

子どもに聞かれたら、方法だけを教えましょう。心配だからといって、決して、先回りして結果を教えないこと!

3. 調べてみて、どう感じたか聞く

値段を調べて、はい終わり、では研究とはいえません。結果をまとめて、どう感じたかを子どもに聞いてみましょう。新しい発見があるはずです。

うちのカレーとレストランのカレー　値段の違い

ぼくはカレーライスが大好きです。
うちでもレストランでもよく食べます。

同じカレーでも値段が違うと聞いて、どのくらい違うか調べてみることにしました。

●調べる方法

1. うちのカレーの材料を決める
2. 買い出しに行く
3. カレーをつくって、ひと皿あたりの金額を調べる
4. お店に行ってカレーの金額を調べる
5. まとめ

■うちのカレー

材料	買った金額	使った材料の金額	
		使った分量	その金額
カレールー	10皿分　134円	10皿分	134円
じゃがいも	5個　158円	2個	63円
にんじん	3本　198円	1本	66円
玉ねぎ	3個　178円	2個	119円
ぶた肉	184g　242円	184g	242円
マッシュルーム	1缶　90円	1缶	90円
米	5kg　1,743円	3合	188円
合計			902円

ひと皿分の金額＝902円÷10皿＝90.2円

■レストランのカレー

・お子様カレー　450円　　・カツカレー　850円
・野菜カレー　600円

まとめ

・家でつくるカレーは、好きな具が選べてレストランよりもずっと安かった。
・レストランのカレーは、つくる手間がなくてよかった。でも値段が高い。具がごうかになるほど高くなるとわかった。
・毎回レストランで食べると高いので、やはり家でつくってもらって、たまには手伝おうと思った。

Let's try!
クイズでマネー教育
～小学校 低・中学年編～

Q. 1,000円は10円玉で何枚？

答え 100枚
計算式は1,000円÷10円＝100

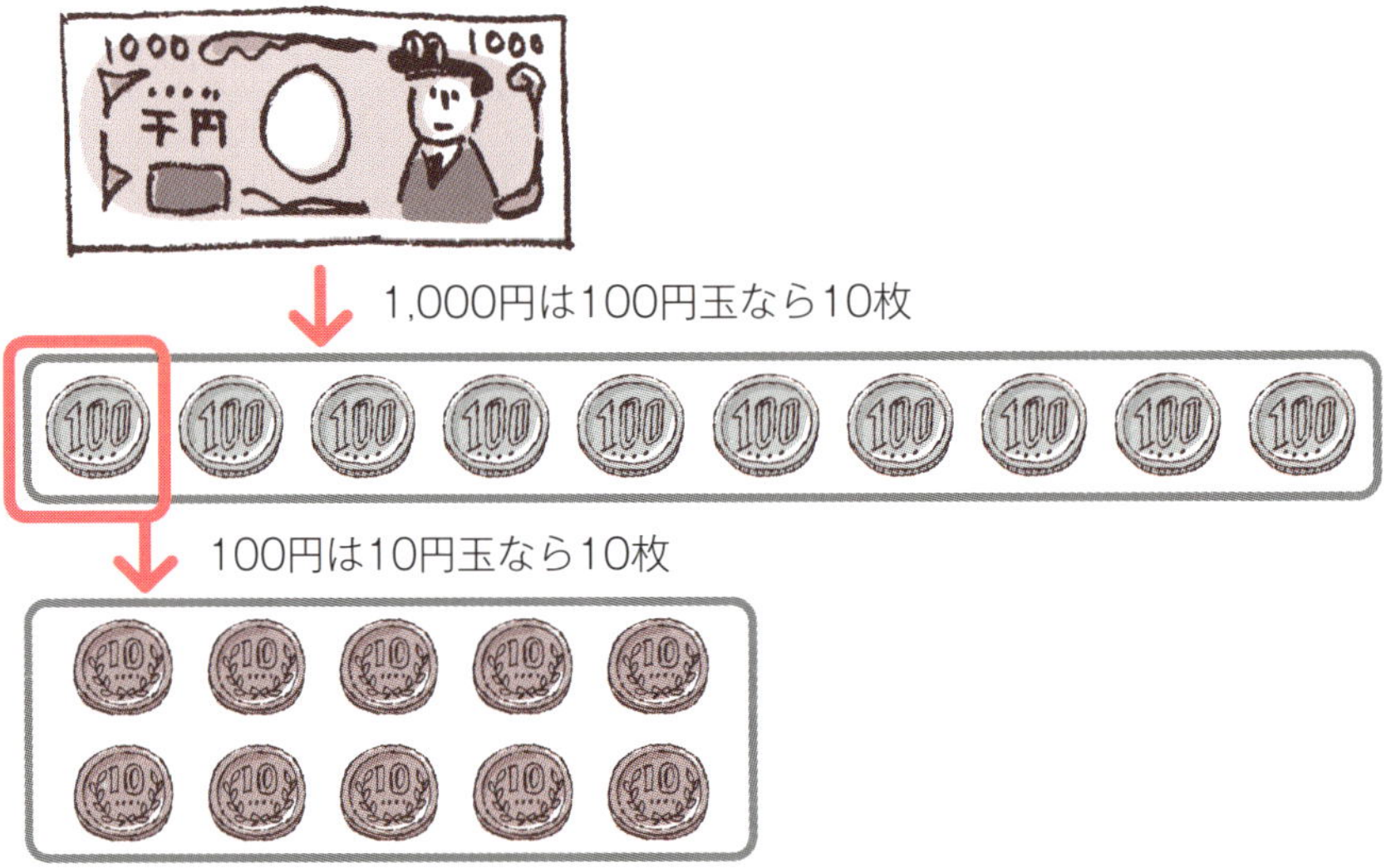

千円
1,000円は100円玉なら10枚
100円は10円玉なら10枚

1,000円は「100円＝10円玉10枚」が
10個集まっているから…？

Q. 週1回、300円のガチャガチャをしたら、1年ではいくらになる？

答え　1万5,600円

週1回とは、7日に1回ということ。
1年は365日なので、
365÷7＝52.14…で、
1年に52回ガチャガチャを
することがわかる。

1回のガチャガチャが300円なので、
1年では
300円×52＝1万5,600円

この問題を通じて、「週300円でも、1年間続けると1万5,600円だよ」などと、少額であっても積み重なると大金になることを教えましょう。

Let's try!
クイズでマネー教育
～小学校 高学年編～

Q. 3,000円の服を5％割引で買うといくらになる？

答え 2,850円

5％＝$\frac{5}{100}$＝0.05
3,000円×0.05＝150円が割引される計算なので
3,000円－150円＝2,850円

●もうひとつの考え方

5％割引ということは、95％の金額で買えるということなので
3,000円×95％（0.95）＝2,850円

ショッピングモールなど5％割引の日があるので、出かける前日にその話をしておくと生活に活かしやすいでしょう。

Q. おつりのコインの枚数が一番少なくなるように払うには？

お財布の中には2,615円入っています。

内訳は1,000円札２枚、500円玉、100円玉、10円玉、５円玉がそれぞれ１枚です。

1,365円の本を買うとき、おつりのコインの枚数が一番少なくなるように払うには？

１．2,000円
２．1,500円
３．1,515円

答え　３

＊１のおつり
635円（500円玉１枚、100円玉１枚、10円玉３枚、５円玉１枚の合計６枚）

＊２のおつり
135円（100円玉１枚、10円玉３枚、5円玉１枚の合計５枚）

＊３のおつり
150円（100円玉１枚、50円玉１枚の合計２枚）

友だちにおごってもいい？

友だちにおごるのは自分で稼げるようになってからね

どうしておごってあげたいのか、
その気持ちを聞いてみましょう。

「○○ちゃんが喜ぶから」
「たしかにその時点では
喜ばれるかもしれないけど、
１回だけのつもりが、その次も、
その次もおごってって言われたら？」
「おごってあげたことが
ほかの友だちにもわかって、
みんなも“おごって！”って
言ったらどうする？」

人のためにお金を使うことは
悪いことではありません。
募金や寄付で助かる人もいます。
ただ、**友だちと日常生活での**
おごったり、おごられたりは、
トラブルの原因にもなりかねません。
はっきりと禁止すべきでしょう。
友だちにものをプレゼントするのは、
誕生日など「特別な日」だけです。

おこづかいは**パパ、ママが**
働いて稼いだお金だということ、
大事に使ってほしいことも
伝えましょう。
おごったり、おごられたりといった
お金のつき合いは
自分で稼げるようになってからです。
「お金がないとつき合えない友だちは
本当の友だちではない」のですから。

第4章

中学生のおこづかい教育

部活がスタートし、子どもの世界が広がっていく時期。
やりくりを任せる範囲も、
小学生のころより広げていきましょう。
部活の遠征のような大きな出費の渡し方や、
塾などに通いはじめるときのコツも紹介します。

中学の部活の臨時出費《りんじしゅっぴ》はどうする？

くすり
くすり
下校中
あっ
ねえ、薬局に寄ってもいい？
何買うの？
今日は買わないけど、テーピングの値段を知りたくて
ふむふむ
？
家にて
臨《りん》時《じ》予《よ》算《さん》請《せい》求《きゅう》書《しょ》、できました
ぴらっ
交通費は、一番安いルートをネットで調べたの
テーピングは、安売りしてたのを友だちと一緒に買って、分けようって話になってる
おお、すばらしい！やるじゃん！
このこの大
最近はやりくりも板についてきたみたいです

小学生からステップアップ！

中学生はおこづかい教育の仕上げ期間です

金額を増やし、貯めることも教えて

中学生になると部活などがはじまり、行動範囲も広がります。部活にかかる費用など、子どもが管理するお金の範囲を増やしていきましょう。

そろそろ、数か月にわたるやりくりを経験させる時期です。**毎月はかからない洋服代やヘアカット代などを月割りであげ、貯めて使うことを教えましょう。**

交通費や飲食代もおこづかいから

スイカなどの電子マネーを持たせ、塾や部活の交通費をおこづかいと別にあげている家庭は多いようです。

こうした交通費はニーズのうちのひとつ。中学生になったら、**1か月にかかる交通費の平均額をおこづかいに含めてみましょう。**残金がなくなる前にチャージしたり、交通費の安い経路を選ぶことも覚えます。

飲食代も月決めで任せてみましょう。ジュースを2回に1回ガマンして、あまったお金を別のものに回すといった工夫も生まれるでしょう。

中学生のおこづかいの例

ピンクのマーカー部分は、中学生から新たに加わる費目です。

	費目	詳細	予算
ニーズ	学校関連費用	文房具・書籍など	1,000円
	塾や部活関連費用	部活費と塾用ノートなど	1,500円
	交通費	塾320円×週２＋その他	3,000円
ウォンツ	飲食代	ジュース、ハンバーガーなど	500円
	交際費・趣味代	プレゼントや遊び	1,000円
	その他	ヘアカット・服など	2,000円
合計			9,000円

臨時の費用は請求書のやりとりを

修学旅行や林間学校、部活の合宿など、臨時でお金が必要となる機会も増えてきます。旅費は学校の積み立てがありますが、旅行かばんやリュックサック、洗面用具や衣類などは自分で準備することになります。

あらかじめ自分で**必要なものと値段を調べ、「臨時《りんじ》予算《よさん》請求書《せいきゅうしょ》」を出してもらいましょう。**

⇒詳細は１００ページ

年に1回は家族予算会議を

お正月は家族の時間がとりやすいので、家族で予算会議をしましょう。今年必要となるもの、買いたいもの、やりたいことなどを出して話し合います。

食費・光熱費以外にもいろいろなお金がかかっていること、塾など子ども自身にかかる費用も大きく、家族全員の希望をすべて叶えるだけの予算がないことを知らせるよい機会です。そのなかで誰の希望にいくら出せるかを話し合うとよいでしょう。

⇒詳細は１０４ページ

おこづかい教育のヒント

「キャッシング」「ローン」は借金だと教えよう

テレビでは、キャッシングやローンのさわやかなCMが放送されていますが、**どちらも借金**です。

大人になって気軽に借金をするようでは心配ですよね。中学生になったら、CMなどをきっかけに**借入の金利について話す機会を持ちましょう。**金利は苦手というパパやママは、クイズ形式で話してはどうでしょう。

⇒詳細は106～108ページ

思春期の難しい問題!?

お金に振り回されない友だちづき合いを目指しましょう

自分の軸を持つ子どもに

中学生になると、ショッピングや映画、カラオケなど、友だち同士で出かける機会が増えます。交際費はこれまで以上に多くなりますが、**「よそはよそ、うちはうち」という姿勢は変わらずに伝えていきましょう。**

友だち同士でもお財布の中身に差が

中学生になると、おこづかいをたくさん持っている子と、そうでない子の差が出てきます。差があって当然。我が家は我が家なりの方針を持つことが大切です。

友だちづき合いは、**限られた予算の範囲内でやりくり**するように伝えます。お金のかからない遊び方を工夫するようになるでしょう。

それで離れていく友だちは、本当の友だちではありませんよね。子どもには、**お金に振り回されない人づき合い**を望みたいものです。

おこづかい教育のヒント

クレジットカードを持てる大学生になる前に

中高生のうちに限られたおこづかいでやりくりするトレーニングをしておくのは、とても大切です。

大学生になるとクレジットカードを持つことができます。親元を離れて大学に行き、**仕送りでは足りず、友だちづき合いのためにキャッシングをする子が多い**と聞きます。

クレジットカードを持てる大学生になる前に、**「人は人、わたしはわたし」**と自己管理できる子に育てましょう。お子さんには、**判断の中心に友だちを置くのではなく、「自分はどう考えるか」が大切**だと伝えましょう。

教えて!
おこづかい教育のギモン

Q. 友だち同士の買い物で、大きなお金を持ってくる子がいるようです。そのくらい持たせてやるべきでしょうか。

A. 友だちの家庭に合わせる必要はありません。

子どもにとって必要ないお金なら、渡すことはありません。「何か欲しいものがあるの？　友だちは友だちだよ」と、伝えましょう。
たとえば、次のように会話を進めてみてはいかがでしょうか。

お母さん、友だちとつきあうのも大変だよ。この間、買い物に行ったじゃない。○ちゃんって、5,000円も持ってくるんだよ。私なんか、使っても500～1,000円なのに……

○ちゃん、なんでそんなに持ってるの？

おばあちゃんが近くに住んでるみたい。

ほかの子もそんなに持ってくるの？

ううん、ほかの子は1,000～2,000円くらい。

そう。まあ、家庭の事情ってそれぞれあるよ。

交通費だけでも380円かかるのに、それで1,000円も買い物したらほかのお金が足りなくなりそうで……、お昼食べるだけで何も買い物できなかった！

何か買いたいものがあったの？

別に。でも、見てると欲しくなるでしょ？

それって、衝動買いじゃない？　どうしても欲しいものだったら、また行ったときにしたら？

うん、でも家に帰ってくるとそれほど欲しいとも思わないんだよね……買うものまで、つき合う必要はないか！

人は人、わたしはわたしだね。

中学生のケータイ事情は？

スマホが主流になりつつあります セキュリティの大切さを考えましょう

親もスマホの使い方をよく把握して

中学生になると半数以上の子がケータイを持つようになります。その半数はスマートフォン、通称スマホ。今後はますます、スマホを持つ子どもが増えてくるでしょう。

スマホは小型パソコンに電話機能がついているようなもので、**便利な半面、ネットの持つリスクも高まります。**子どもにスマホを買い与える場合は親もスマホを使ってみて、どういう機能があるか、どのような使い方をしたらよいのかを勉強して子どもと一緒に使いこなすようにしたいものです。

必要性と目的を考える

子どもはケータイよりスマホがかっこいいからと、単純な理由でスマホを欲しがるかもしれません。

スマホはパソコンに近い分、外の世界との接点が増えるなど、リスクの大きさを伝えるのは親の役目です。**なぜスマホなのか、どういう目的で使うのか**をよく話し合うようにしましょう。

スマホ利用のイメージ

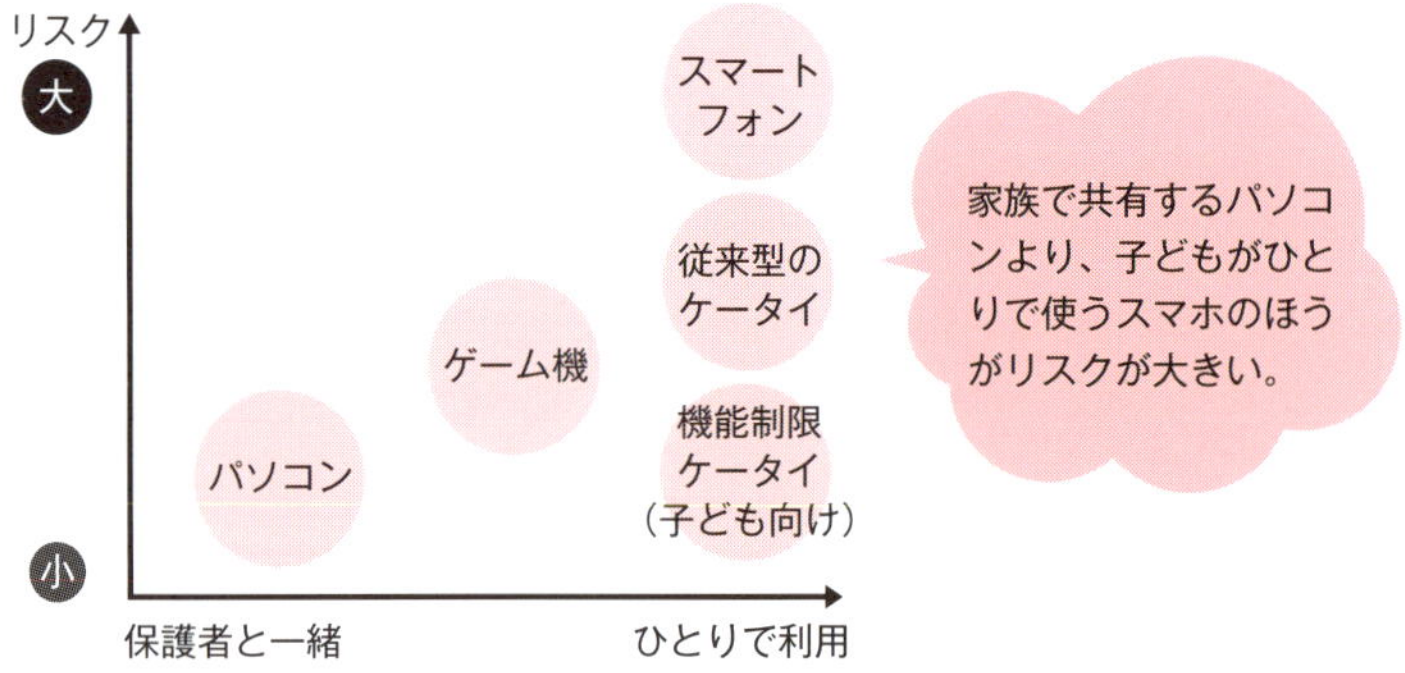

参考：内閣府「お子様を有害情報から守るために」2013年3月

セキュリティを万全に

位置情報やアクセス履歴、暗証番号などスマホは個人情報のかたまりです。**フィルタリング**（有害アクセス制限）だけでなく、**セキュリティソフト**（アプリ）を入れるようにしましょう。

インターネットは便利ですが、上手に使いこなしてこそ意味があります。そういう面ではお金と同じ。親子で体験し、話し合いながら使い方を学んでいくようにしましょう。

我が家のスマホルール（例）

1. 学校にいる間は使わない
2. 夜10時を過ぎたら電源を切る
3. 人の悪口をメールやSNSサイトなどに書き込まない
4. ネットの情報をうのみにしない
5. カメラを断りなく人に向けて撮らない、人のイヤがる写真を撮らない
6. アプリのダウンロードはパパ、ママに言ってから
7. 料金請求の画面が出たら、「はい」「yes」を押さずに、パパ、ママに相談する
8. 困ったことがあったらパパ、ママにすぐ相談する
9. パスワードはパパ、ママに教える
10. 暇つぶしの道具にしない

不定期の大きな出費は？

臨時費用は請求書・決算書のやりとりで「特別なこと」と教えます

予算を立てて きちんと「手続き」を

中学生になると、修学旅行や林間学校、合宿などで遠出をする機会もあるでしょう。おこづかいでまかなえない臨時費用は、事前に予算を立てて請求書をもらうようにしましょう。

予算を立てて 買い物をする練習

具体的には、旅行かばんや洗面用具、衣類など。必要になる金額を子どもに前もって調べるよう伝え、**「臨時《りんじ》予算《よさん》請求書《せいきゅうしょ》」**を出してもらいます。それを見て話し合い、出してあげられる費用を渡すのです。お金を使ったら、レシートをつけて**「決算報告《けっさんほうこく》書《しょ》」**を出してもらいましょう。

- **あらかじめ金額を調べて行動する**
- **予算内で、優先順位を決めて買う**

この知恵は社会人となってからもきっと役立つはずです。

「書類」で特別なこと という意識に

請求書・決算書は、大げさでめんどうに感じるかもしれません。でもこの手続きで、臨時のおこづかいは特別なことだという意識が芽生えます。**「前借りさせて」というおねだりに軽々に応じていては、お金にだらしない人間にもなりかねません。**少し仰々しいですが、「書面」にすることで、お金の大切さが伝わります。

4ステップでかんたん！

臨時《りんじ》予算《よさん》の請求《せいきゅう》・決算《けっさん》の手順

臨時予算の請求から決算までの手順を紹介します。書式のフォーマットは、**別冊の7ページのものをコピーして使ってください。**
⇒記入例は158ページ

1. 臨時予算請求書をつくる

- 子ども自身が必要なもののリストをつくる。その金額をお店やチラシ、インターネットなどで調べ、**請求書の「予算」の欄に記入**する
- **合計金額を出して請求書を切り取り、パパやママに渡す**

2. 金額を相談する

- 請求書をパパやママが見て、**本当に必要なものか、金額が適正かどうか**を話し合う
- 請求額が妥当な場合は**請求金額を子どもに仮払いする**
- 請求額が高すぎる場合は、合計金額がパパ、ママが提案した金額に収まるように予算を訂正して再提出させる

3. お金を使う

- **子ども本人が買い物に行く**
- 買ったら**必ずレシートをもらう**
- 大きい買い物の場合はパパ、ママも一緒に行って、商品選びのアドバイスをしてもOK

4. 決算報告書をつくる

- 子ども自身がレシートを見ながら、実際に**使った金額を記入**する
- レシートは報告書の裏に貼る
- **お金があまったときは、決算書と一緒にパパ、ママに返却**する
- お金が足りなかったときは、それが妥当なものであれば超過分をパパ、ママから渡す。そうでなければ子ども自身のおこづかいから負担する

費用と成績は比例する？

塾の費用は子どもに見せて勉強に集中してもらいましょう

金額に見合う頑張りを

多ければ年数十万円にもなる塾の費用。やりくも大変です。子どもにはそんな心配をかけずに、勉強に集中してほしいと思うのも親心でしょう。

しかし真剣に勉強してほしいなら**金額を伝え、金額に見合う分まで頑張ってもらう**のもよいでしょう。

かかる費用を現金で見せる

塾の費用は振り込みや口座引き落としが多いですが、通いはじめるときや年末年始の家族予算会議（104ページ）のときなど、機会があれば**塾の費用を現金で見せておきましょう。**金額を口で言うより、現金で見せるのが一番。日ごろおこづかい教育ができていれば、1万円の価値もわかるはずです。「高いんだから、しっかり勉強するのよ」などと言わなくても、親の思いを察するでしょう。

子どもから塾に通いたいと言い出したら

子どもから塾に通いたいと言い出す場合の多くは、「勉強したい」より**「友だちも通っているから」ということが多い**よう。長続きしない、勉強に身が入らないこともあるので、本人のやる気をよく確認します。

塾、家庭教師、通信教育などから本人が続くものを選びましょう。

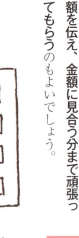

中学生の塾にかかるお金（年間）

下図は、中学生を持つ家庭が塾にかける年間の金額をグラフにしたもの。公立に通う子どもは高校受験を控えていることもあり、私立に通う子どもより高くなっています。

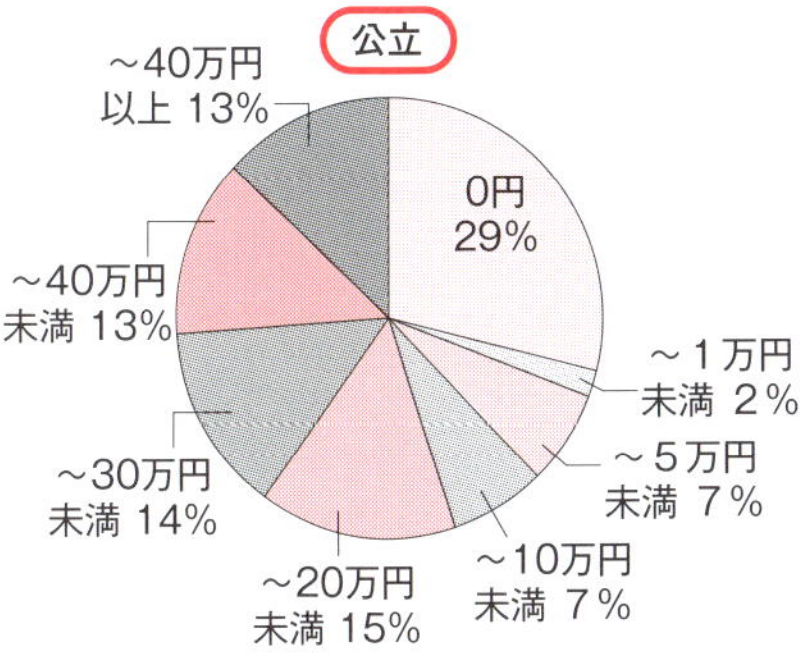

塾に行っている子の平均 **25.7 万円**

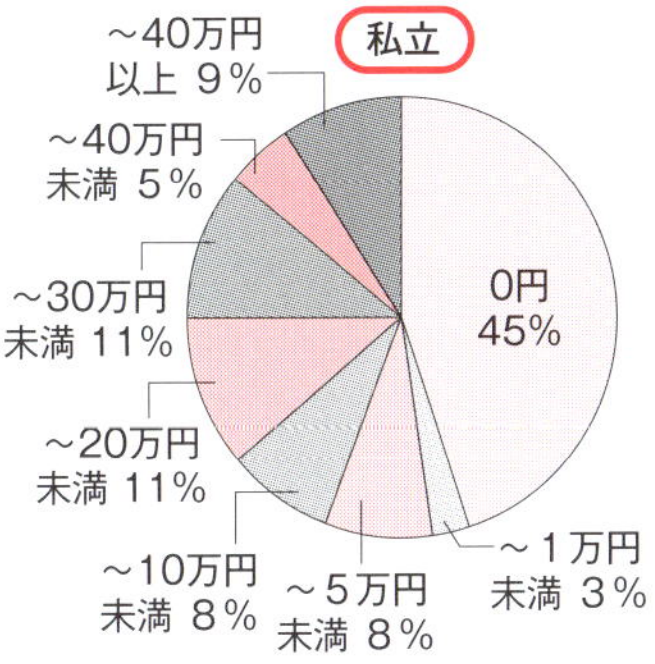

塾に行っている子の平均 **21.7 万円**

参考：文部科学省「子どもの学習費調査」2010年度

教えて！ おこづかい教育のギモン

Q. 中学に入り、子どもが「勉強に遅れないよう通信教育をやりたい」と言っています。

A. 様子を見るために、支払いは月払いにしましょう。

新しい環境で、勉強にもやる気が出ているのかもしれません。せっかくなのでやらせてあげるのもよいでしょう。

ただし、受講費は年払いでなく月払いにし、お子さん自身にコンビニや郵便局で支払いをさせましょう。お金がかかっている感覚をお子さんと共有することができます。

部活などがはじまりお子さんが忙しくなると、送られてくる教材に手をつけられないことが続くかもしれません。そのとき、毎月の支払いをしている自覚が本人にあれば、続ける・やめるの判断もお子さん自身ができるでしょう。

年末年始の家族予算会議で1年のまとめをしましょう

家族で集まりやすい**年末年始には家族で予算会議を**しましょう。新年に各々が買いたいもの、必要なものを出し合います。自分の希望するものは、あらかじめ予算を調べておきましょう。何を優先し、予算の範囲内で何を削るか、話し合って決めていきます。

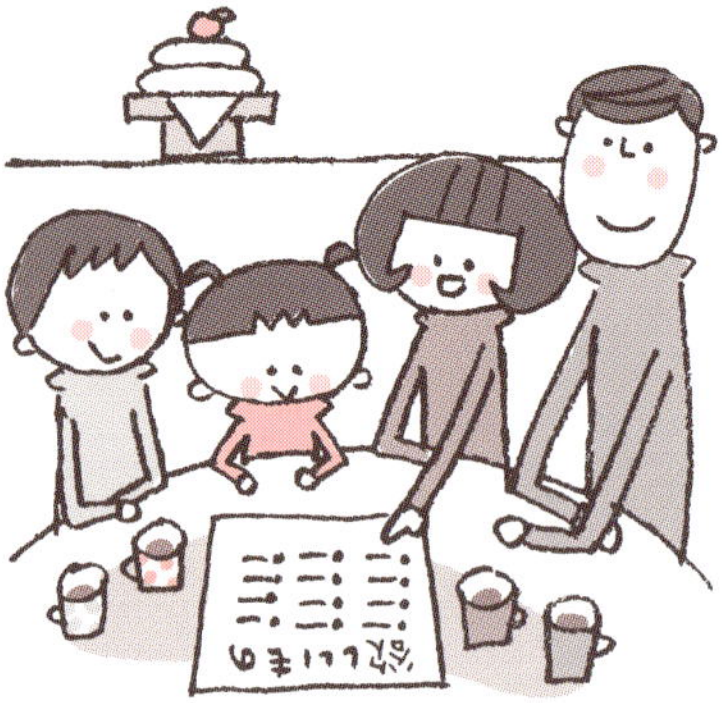

家族の今年の予算（例）

家族それぞれが欲しいもの、必要なものをリストアップしていきましょう。かかる金額を合計し、**予算を上回っていたら何を優先するか話し合います。**

■：希望するもの（ウォンツ）

○○家全体		パパ		ママ		長男		長女	
車検	10万円	背広	3万円	スーツ	5万円	塾	10万円	中学入学	5万円
自動車税・保険	9万円	くつ	1万円	くつ	1万円	友だちと旅行	2万円	習い事	9万円
固定資産税	8万円			バッグ	1万円	スマホ使用料含	9万円	服	1万円
旅行	8万円			資格取得	6万円			携帯使用料含	7万円
合計	35万円		4万円		13万円		21万円		22万円

■家族予算会議のメリット

＊家計の状況を家族に伝え、やりくり、節約に協力してもらうきっかけになる
＊家族で同じ目的を持つことで、貯金の励みになる
＊子どもの夢、興味のあることを聞く場が持てる

将来の進路の話も

また今年のことだけでなく、**数年後の高校や大学にかかるお金についても話を**していくとよいでしょう。私立と公立、文系や理系で必要となる費用が違っていることも知ったうえで、進路を考えてくれるとよいですね。

これを機に、行きたい高校や大学、将来やってみたいことなどについて聞いてみるのもおすすめです。

■高校の費用(平均)

	公立	私立
学校教育費	24	69
学校外活動費	16	24
1年間の合計	40	93
3年間の合計	120	279

参考：文部科学省「子どもの学習費調査」2010年度

ママが家計の補てんに働きはじめる場合

子どもが中学生になって手が離れると、家計の足しにと専業主婦だったママが働きはじめることもあるでしょう。そのときはあらかじめ、

＊家のことが今までどおりにはいかないこと
＊パパや子どもの協力が必要なこと
＊自分のことは自分ですること

を伝えておきましょう。

たとえば、朝は自分で起きる、朝ごはんの準備は自分でするなど、具体的に約束しておくとよいでしょう。

もう中学生ですから、できることは自分で。ママに頼りすぎた生活から自立させるチャンスです。

ママ自身も、子どもの成長に合わせて子離れし、**子ども中心の生活から徐々に自分自身の将来を考えて**いきましょう。

ただし、子どもに費やす時間が減ることをお金で補わないように。お金に甘くならないように気をつけましょう。

Let's try!
クイズでマネー教育
～中学生編～

Q. 10万円借りたら、いくら返すことになる？

10万円を銀行（金利14.5%）で借りて毎月4,000円ずつ返すと、総額では
いくらくらいになるだろう？　およその予想を立ててみよう。

答え　約12万円
（11万9,757円）

金利とは、お金を借りている人が貸した人に払うお金の割合。この場合、借りている額に対して1年あたり14.5%を追加して銀行に支払わなければならない。毎月4,000円ずつ返すとき、その金額には利息も含まれている（右図参照）。

返し終わるまでに30か月かかり、総返済額は11万9,757円（元金10万円、利息1万9,757円）になる。

利息は約2万円。それだけあれば、ほかにもっといろんなものが買えるはず。できれば借り入れをしなくて済むよう貯金しておきましょう！

■銀行系カードローン（年利14.5%）

借入額：10万円、毎月の返済金額4,000円

回数	返済額	元金	利息	残高
1	4,000	2,792	1,208	97,208
2	4,000	2,826	1,174	94,382
3	4,000	2,860	1,140	91,522
4	4,000	2,895	1,105	88,627
5	4,000	2,930	1,070	85,697
6	4,000	2,965	1,035	82,732
7	4,000	3,001	999	79,731
8	4,000	3,037	963	76,694
9	4,000	3,074	926	73,620
20	4,000	3,508	492	37,255
21	4,000	3,550	450	33,705
22	4,000	3,593	407	30,112
23	4,000	3,637	363	26,475
24	4,000	3,681	319	22,794
25	4,000	3,725	275	19,069
26	4,000	3,770	230	15,299
27	4,000	3,816	184	11,483
28	4,000	3,862	138	7,621
29	4,000	3,908	92	3,713
30	3,757	3,713	44	0
累計	119,757	100,000	19,757	0

※最終回の返済金額は端数調整のため多少変動する。
※実際の利用の際は、月の日数の相違などにより、多少異なる場合がある。
※うるう年は366日の日割り計算。
※単位：円

Q. 100万円を3%の金利で5年間貯金すると、いくらになる？（税金は考慮しない）

答え　単利の場合115万円、複利の場合115万9,273円

銀行にお金を預けると、預けた額に応じてお金が支払われる。
この問いの場合、１年に100万円の３%ずつもらえる。
１年目は100万円×３%(0.03)＝３万円
２年目からは単利と複利では異なる。

●単利の場合（当初預け入れた元金にのみ利息がつく）
２～５年目も同じ。毎年３万円だから100万円＋３万円×５年＝115万円

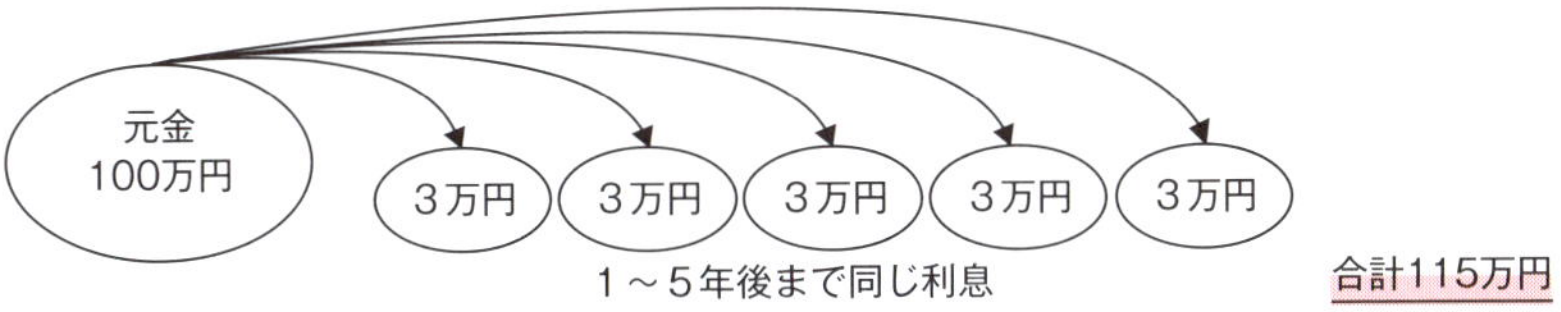

●複利の場合（ついた利息を元金に繰り入れ、利息を再投資してさらに利息がつく）
２年目の元金は１年目の利息を含んだ100万円＋３万円=103万円
利息は103万円×３%(0.03)＝３万900円
３年目の元金は103万円＋３万900円＝106万900円
利息は106万900円×３%(0.03)＝３万1,827円
４年目の元金は106万900円＋３万1,827円＝109万2,727円
利息は109万2,727円×３%(0.03)＝３万2,781円（端数切捨て）
５年目の元金は109万2,727円＋３万2,781円＝112万5,508円
利息は112万5,508円×３%(0.03)＝３万3,765円（端数切捨て）

よって
112万5,508円＋３万3,765円＝115万9,273円

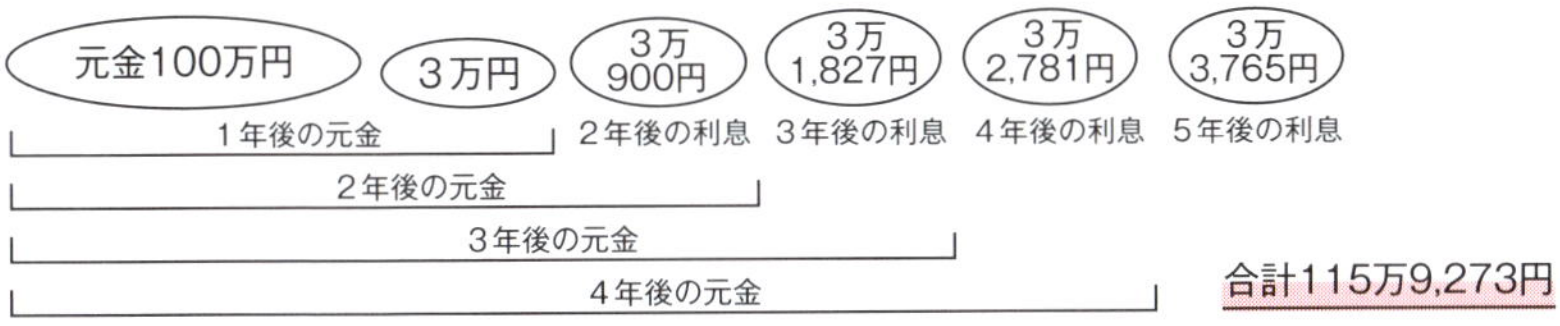

●単利の金融商品：定期預金、債券、分配金受取型の投資信託など
●複利の金融商品：定額貯金、MMF、分配金再投資型の投資信託など
利息分を何かに使う予定がなければ、単利よりも複利のほうが有利！

Q. 変動金利と固定金利ではどっちが有利?

答え　預金は変動金利が有利だが、借り入れは固定金利が有利

変動金利とは、市場金利に合わせて金利が変動する金利タイプ。
固定金利とは、一定期間、当初の金利が変わらない金利タイプ。

●預金する場合
超低金利の今、将来的には金利が上昇する可能性がある。
市場金利の上昇とともに金利の見直される変動金利が有利。

●借り入れする場合
市場金利の上昇とともに金利が変わると、その分支払う利息も増える可能性がある。
超低金利の今は、市場金利が上がっても金利の変わらない固定金利のほうが有利。

■固定金利と変動金利

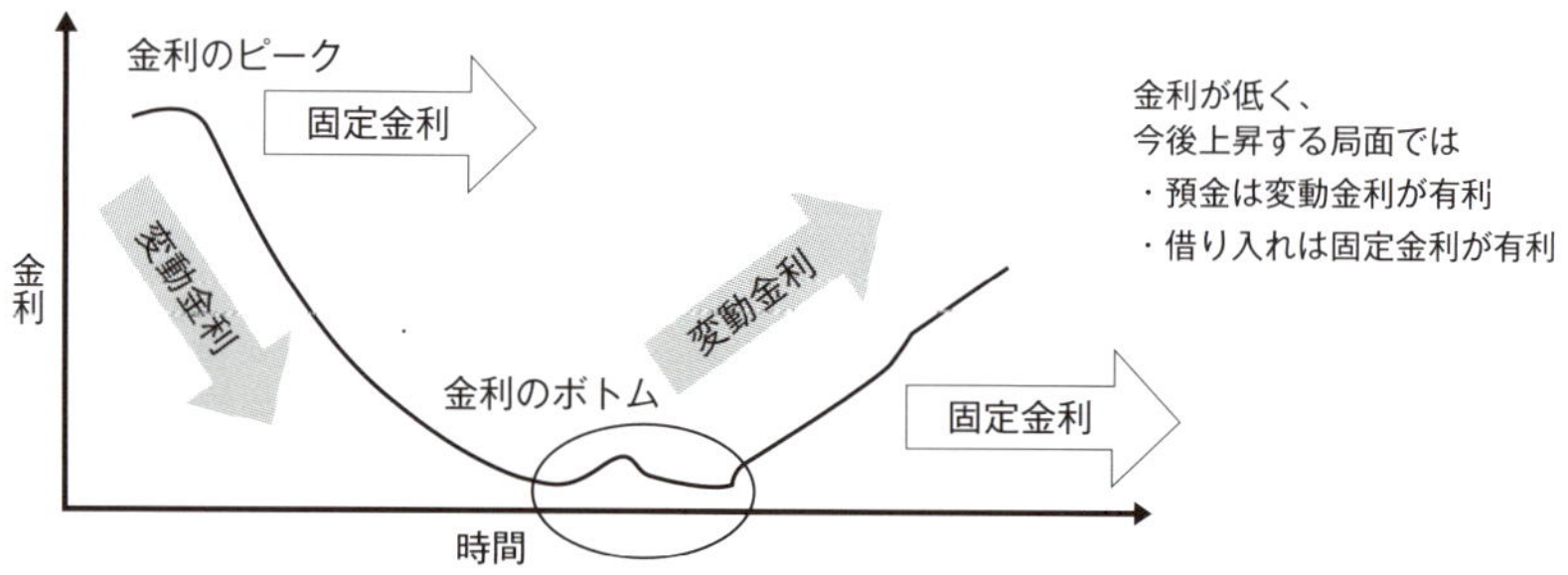

金利は景気などに左右され変動するもの。預金・借り入れは金利が上昇・下落することも見込んで計画を立てましょう。

Q. 1ドル100円から90円になったとき、円安？　円高？

答え　円高

たとえば、1個1ドルのりんごで考えてみよう。

1ドル100円ならば、りんごは100円で買うことができる。1ドル90円になったらりんごは90円で買える。同じりんごを少ない円で買えるのだから、円の価値が高くなったということ。これを円高になったという。

反対に1ドル110円になったら、りんごは110円ないと買えない。円の価値は下がったことになり、これを円安という。

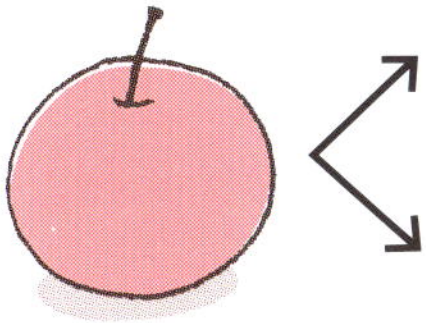

りんご1個1ドル
1ドル＝100円から……

＊1ドル＝90円になったら
りんごは90円で買える
⇒円の価値が高くなった
⇒円高

＊1ドル＝110円になったら
りんごは110円ないと買えない
⇒円の価値が下がった
⇒円安

同じように車を海外向けに2万ドルで販売している自動車メーカーの場合
＊1ドル＝100円なら2万ドル×100円＝200万円だけど、
＊1ドル＝90円になったら、2万ドル×90円＝180万円しかもらえない。

車をつくるのに必要な金額は変わらないのに、為替《かわせ》の違いで収入が変わってしまう。だから円高は輸出している会社にとっては苦しく、反対に円安になったら利益が増える。


為替は国内の景気を左右します。海外旅行をする人や、外貨預金をする人だけが影響を受けるのではありません。

日ごろから為替の動向には敏感でいたいもの。ときどきは食卓で話題にしてみてはいかがでしょう。

どうしてお店でお金を渡さなくても、クレジットカードで買い物ができるの？

カード会社がカードを持っている人を「信用」して立て替えてくれるから

お金がなくても買い物できる
クレジットカードは、
子どもの目には
魔法のカードのように映るでしょうね。
カードで買い物をすると、
カード会社が立て替えてくれるのは
どうしてなのでしょう？

クレジットとは「**信用**」という意味。
カード会社は、カードの利用者が後で代金を払ってくれると
「信用」しているから立て替えてくれるのです。

カード会社が立て替えた分は１か月ごとにまとめて請求が来て、
前もって届けてある銀行口座から差し引かれます。
もし決められた日に預金の残高不足で引き落としができなかったら、
信用にキズがつきます。すると、次の買い物でカードを出しても
お店から断られたり、ほかのクレジットカードをつくれなくなることも。
また、もっと大きな買い物である車のローンや
住宅ローンを組めないことにもなりかねません。
買い物できるのは、銀行口座にある金額まで。
カードがあっても、無限に買い物ができるわけではないのです。

クレジットカードの仕組み

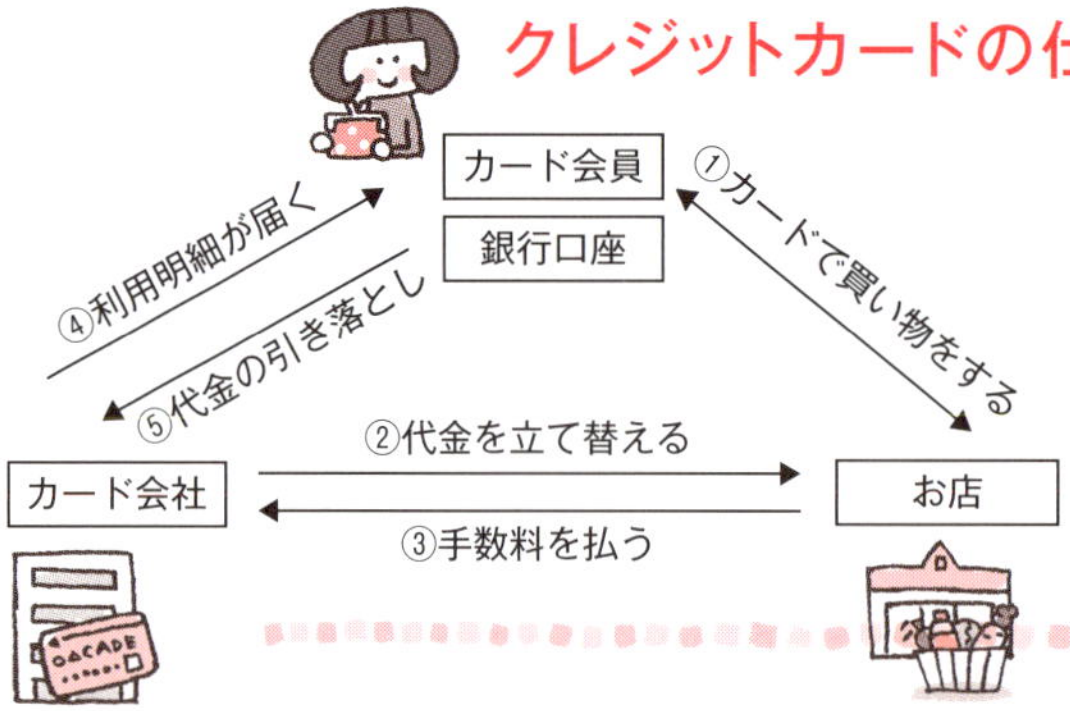

図のような流れで、クレジットカードを利用した買い物の手続きが進みます。お金がなくても買い物できるのは、カード会社が料金を立て替えているからです。

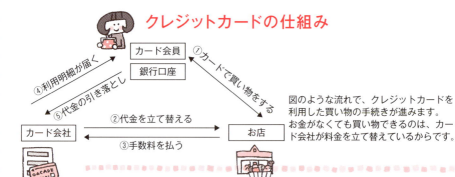

第5章

高校生・大学生の金銭教育

義務教育を修了してからの
高校生・大学生時代は、自立へ向けた準備期間です。
おこづかいは銀行口座で渡し、
クレジットカードの使い方を
実践的に教えていきましょう。

高校生のおこづかいは銀行振り込みで

高校生からはケータイの料金と、通学定期代もおこづかいに含めます
料金は調べたっ
通話料4000円、通学定期代6000円です
それだけで1万円多くなるな額が大きくなる分、やりくりも大変になるぞ
父の威厳
頑張ります！
ところで、わたしからも相談があるんだけど
のしっ
中学生までは、お年玉の貯金を定期預金にしてたじゃない？高校生になったら、外貨や投資信託にも一部を回してみたいと思ってたの※
外貨だったら、今はどの国がいいかなと思って調べたんだけど……
それでねっ
えっとォ…
どうやら私たちよりやりくり上手な、しっかり者に育っているようです
※銀行の外貨預金と投資信託は20歳以上でないと取り引きできません。証券会社なら可能です。

中学のおこづかい教育との違いは？

高校生は「社会」とつながる準備期間 銀行を使う練習をスタートしましょう

ひとり立ちを視野に入れた金銭教育をはじめて

高校生は義務教育も終えた、社会人の予備群です。**子どもにやりくりをまかせる範囲も、なるべく広くしてみましょう。**まだ親元にいて目の届くうちに、**銀行の使い方も伝えておきます。**

銀行を使ったやりくりができるようになれば、大学進学で下宿することになっても、海外留学することになっても安心です。

おこづかいは銀行口座へ入金

高校生からの金銭教育では、銀行の使い方を教えます。おこづかいはこれまでのように現金を手渡しするのではなく、**子どもの銀行口座に入金し、子ども自身に引き出させる**ようにしましょう。銀行のＡＴＭなどを使って残高を確認しながらお金を下ろす練習にな

高校生のおこづかいの例（電車通学の場合）

ピンクのマーカー部分は、高校生から新たに加わる費目です。

費目		内訳	予算
ニーズ	学校関連費用	文房具・書籍・教材など	2,000円
	塾や部活関連費用	部活費と塾用ノートなど	2,000円
	交通費	通学定期6,000円・その他	7,000円
	外食費	500円×8日＋1,000円	5,000円
ウォンツ	ケータイ	通信・通話料	4,000円
	交際費	プレゼントや遊びなど	2,000円
	被服費	服・靴など	3,000円
	趣味代・その他	ヘアカットなど	2,000円
合計			27,000円

ります。

子どもにはキャッシュカードを渡し、親は通帳で入金し記帳することで、毎月どのように預金を下ろしているかが把握できます（詳細は46、116ページ）。

高校生からの金銭教育のポイント

●外食のお金もおこづかいから

お弁当のない日の昼食、塾の前や部活の帰りのおやつのような外食費は、そのつど渡すのではなく、**1か月分の額を決めて渡しましょう**。自分のおこづかいから出すとなると、節約することも考えるようになります。

●通学定期代もおこづかいに含める

入学して最初の通学定期代は親が出しますが、次の分からは月割りで毎月のおこづかいに含めてみましょう。定期が切れる時期を考えて、その分は残す練習になります。長期休暇の直前では、回数券のほうが安いなどの知恵もつくでしょう。

●ケータイの料金は子どもの口座から引き落としに

通信・通話料を親が払っていると、上限を決めてもオーバーしがち。そこで、毎月の額を相談して決め、おこづかいに含めるとよいでしょう。引き落とし先は子どもの口座にしておきます。

使いすぎたらその分、残高が少なくなるので、考えて使うようになります。
⇒詳細は118ページ

銀行口座を使っておこづかいを渡しましょう

銀行ATMの使い方をおこづかいで練習

通学定期代やケータイの料金などを含めると、毎月のおこづかいも高額になります。そこで**高校生になったら、おこづかいは現金手渡しでなく、銀行口座に入金**しましょう。「残高を気にしながら、お金をキャッシュカードで引き出して使う」、大人になったら誰もが経験することですが、それを高校生のうちから練習することができます。

わたしは通帳
ぼくはキャッシュカード
○△BANK

通帳で入金使用状況もチェック

おこづかい用の口座を用意し、**通帳は親、キャッシュカードは子どもが持ちます**。親が通帳で入金し、子どもはキャッシュカードで引き出します。**入金の際、親は通帳に記帳し、引き落とし状況を確認しましょう**。小学生のころのようなおこづかい帳のチェックはしないまでも、およその使用額は見守っておきましょう。

教えて!

おこづかい教育のギモン

Q. お年玉を子ども名義の口座で貯金しています。同じ口座をおこづかい用にすると、残高が高額になるのが心配です。

A. 定期預金と普通預金に分けて

お年玉などの大きなお金は、定期預金に回しましょう。おこづかいには、普通預金を利用します。金利に大きな差はありませんが、「ふだん使うお金」「将来のためにとっておくお金」という分け方ができます。

銀行口座を使ったおこづかいの渡し方

スタート時

1. おこづかい用の口座を用意

大切なのは使いやすさ。次の条件を満たす銀行口座を用意しましょう。

①学校の行き帰りにATMのある銀行
②親も入金しやすい銀行

2. 子どもにキャッシュカードを渡す

キャッシュカードを渡し、暗証番号を伝えます。暗証番号は、銀行で子どもが決めたものに変更することもできます。

毎月

3. おこづかいを入金引き落とし状況を確認する

おこづかいの入金時に通帳に記帳し、先月、いつ、どのくらい下ろしているか確認しましょう。

●子どもに伝えておきたいキャッシュカード、ATMの扱い方

＊暗証番号は誕生日などを避け、人に教えない

＊ATMは、コンビニなどの設置場所や時間帯によって手数料がかかることもあるので、賢く利用する

＊もしもキャッシュカードを失くしたら、すぐに金融機関に連絡する（連絡先はあらかじめ控えておく）

＊再発行には1,000円ほどの手数料が発生、子どものおこづかいから出すこと

使いすぎを防ぐには？

ケータイ料金の引き落とし先は子どもの口座にしましょう

おこづかいに含めて自分で管理させよう

高校生になると9割以上の子が持つケータイ。今や必需品ともいえますが、その使用料が親としては悩みの種です。

中学生までは支払いは親持ちという家庭が多いようですが、**高校生からは1か月の使用料を決め、おこづかいに含める**とよいでしょう。

子どもの口座から引き落としを

そのため、子どものケータイ料金は親の口座からではなく、**子どもの口座から引き落とすようにしましょう。**家族間での通話やメールが無料となる「家族割」でも、引き落とし口座は別々にできます。

決まった金額以上に使うと自分が困

ケータイの支払いは親？　子ども？

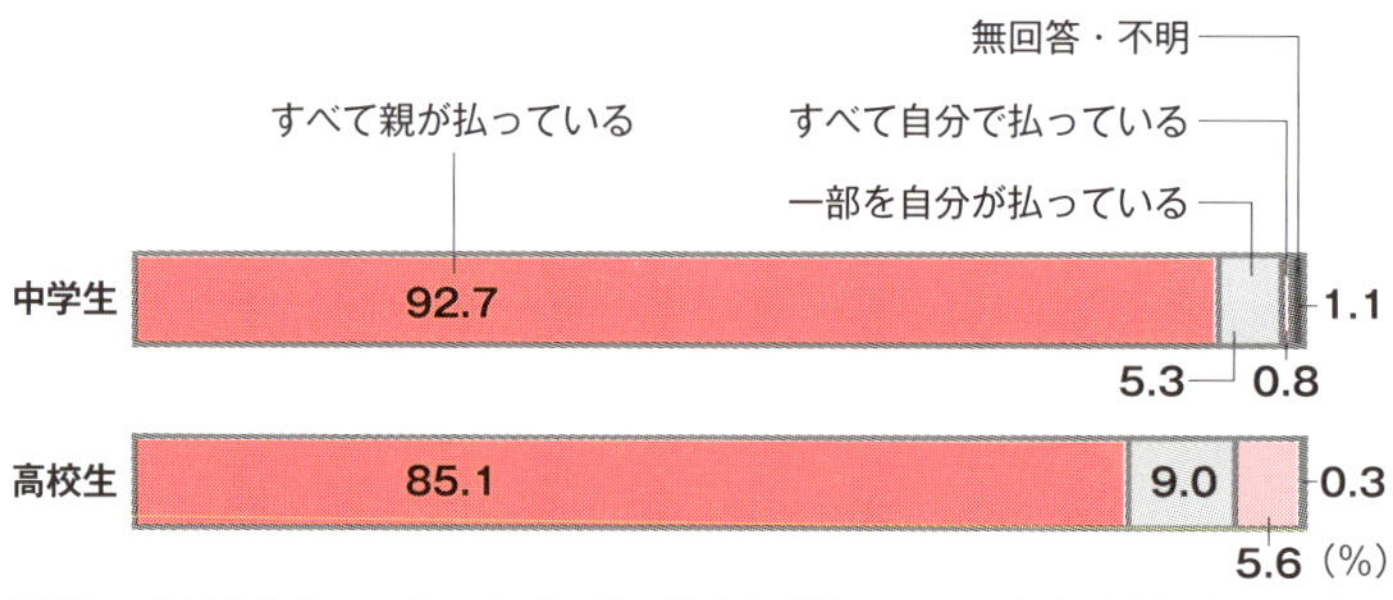

中学生・高校生ともに、ケータイの使用料を親が払っている家庭が多数派。子どものおこづかいに含めたほうが、自制にはつながります。

参考：Benesse　教育開発研究センター「子どものICT利用実態調査」2009年

るため、親が叱らなくても自然と自制するようになります。

割引プランをうまく利用して

ケータイの使用料は、支払いプランがさまざまです。子どもが「おこづかいが足りない」「ケータイの使用料が高い」などと伝えてきたら、まずは料金プランを見直すようすすめてみましょう。**ケータイ会社の各サイトで使用状況に合わせたプランを提示**してくれますし、**会社を横断して比較できるサイト**もあります。

今の使用料より、ずっとお得なプランが見つかるかもしれません。

おこづかい教育のヒント

課金制のゲームやアプリハマりすぎに要注意!

最近では、はじめは無料で遊べてアイテムをそろえる際に有料となる、課金制のゲームが数多くあります。夢中になると数万円の請求になることも。

これらの**ゲーム利用料やアプリの購入費ももちろん、おこづかいからの支出**です。ケータイでゲームをする場合は、**自分のおこづかいの範囲にとどめておくよう、伝え**ておきましょう。

聞かせて！ 先輩ママの体験談

使用料を子ども持ちにして、考えて使っているようです。

高校入学祝いにはじめてケータイを買ってあげたときの話です。

電話本体は買ってあげるけど、月々の使用料は自分で払うのよ。おこづかいに5,000円加算するから自分の口座からの引き落としにしてね

だったら、上限のあるタイプにする

そして1週間後。早々と上限に達してしまいました。

うれしくて電話したりアプリを落としてたら、もう使えなくなっちゃった！ こんなにお金かかるんだね。次からは気をつけます！

高校時代のアルバイトは貴重な経験 約束の範囲内でトライさせてみましょう

お金を稼ぐ大変さは働いてはじめてわかる

アルバイトは、仕事をして収入を得ることを学ぶよい機会です。おこづかいを補てんしてもらえば助かりますし、たとえ家計は困っていなくても、**仕事に対する責任や職場での人間関係は、学校や家庭では学べない貴重な体験です。**

学業に差しさわりのない範囲で、やらせてみてはいかがでしょう？　ただし、勤務内容や時間などについては、事前にしっかりと取り決めをしておきましょう。

アルバイトのメリット・デメリット

メリット

＊収入を得ることができる
＊稼ぐことの大変さを学ぶことができる
＊家族や学校以外の人とつき合うことで、視野が広くなる
＊社会勉強ができる
＊責任感を養うことができる
＊時間の使い方が上手になる

デメリット

＊バイトに時間がとられる
＊自由に使えるお金が増えることで、浪費癖がつくかもしれない
＊帰宅が遅くなるかもしれない
＊人づき合いで悩むかもしれない

おこづかい教育のヒント

デメリットをなくすためのルール

アルバイトをはじめる前に約束事を決めておきましょう。

*仕事には責任を持ち、投げ出さない
*病気などでお休みするときは自分で連絡する
*勉強する時間がないとアルバイトを言い訳にしない
*夜は10時までに家に帰る
*終了後、先輩に誘われてもついて行かない　など

ルールを決めたうえで「親の承諾書」にサインを

未成年がアルバイトをするには、基本的に**「親の承諾書」が必要。それを求めないアルバイト先は雇用形態が不明確**なので、親が顔見知りなどでなければ避けておきましょう。

高校生ができる仕事としては、年末年始の郵便局の年賀状仕分けや配達、ファストフード、ファミリーレストランなど、なるべくポピュラーなものがおすすめ。勉強への影響も考え、土日だけ、長期休暇の間だけなど、期間を限ってもよいでしょう。

高校によってはアルバイト禁止や許可制をとっている学校も。事前に確認してからはじめましょう。アルバイトが可能な学校で、本人が望むなら、上記の**「デメリットをなくすためのルール」などの約束をしたうえで、承諾書にサインしましょう。**

稼いだお金の使い方が大切

お金を稼ぐことで、浪費癖がつくと困ります。家計の助けにするのでなければ、アルバイトで得たお金の使い道をあらかじめ聞いておきましょう。**なぜ、アルバイトがしたいのか、そのお金は何に使いたいのかを明確**にしておくことが大切です。

子どものための
つら〜い出費！

塾や大学受験のやりくりは大変！
子どもにも費用の大きさを伝えましょう

受験〜大学の費用は莫大 子どもにもよく説明を

塾の費用、受験料、合格したら入学金や授業料など、**大学進学を前にして、教育資金もピークに。**

当面の塾の費用だけに目がいきがちですが、その先には大学の授業料が待っています。途中で息切れしないように、**長期計画を立てたうえで進路を子どもと相談しましょう。**

高校生の塾にかかるお金（年間）

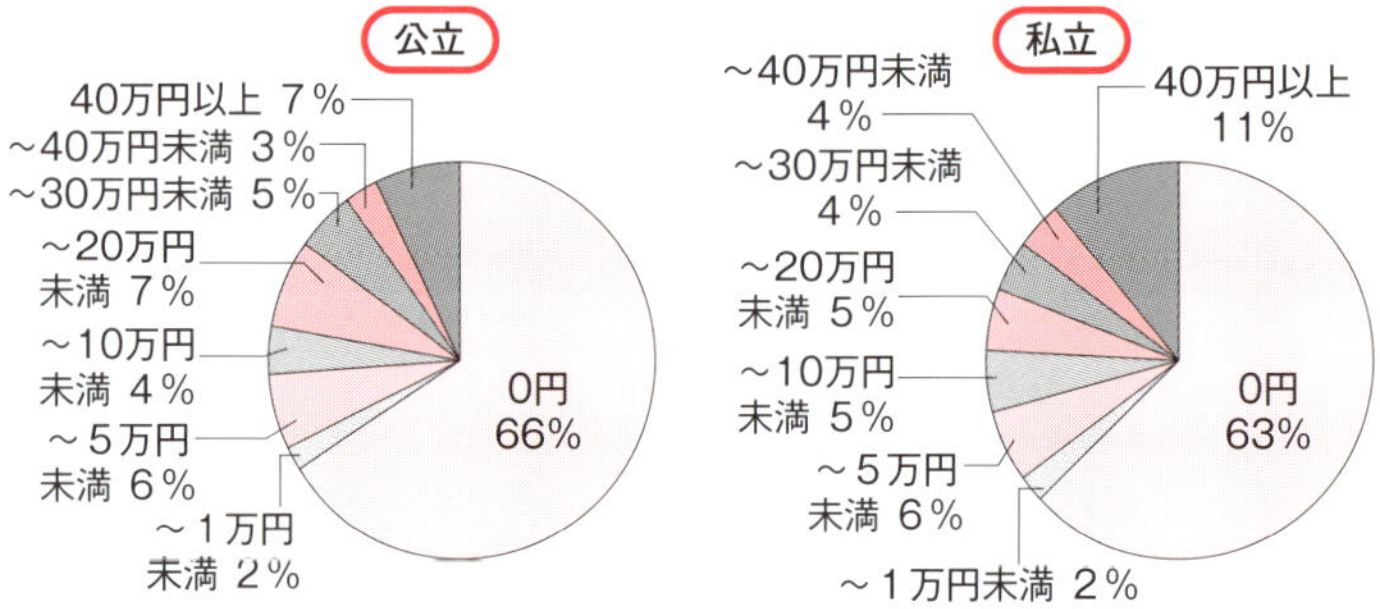

塾に行っている子の平均 **22.6 万円**

塾に行っている子の平均 **31.8 万円**

参考：文部科学省「子どもの学習費調査」2010年度

受験費用の目安

すべり止めも含めて平均3〜4校は受験するため、受験料だけでもばかになりません。遠方の大学では交通費、宿泊費も必要。
一般的に、20〜40万円はかかると思って準備しておきましょう。

■1校あたりの受験料

センター試験	3教科以上　18,000円
	2教科以下　12,000円
国公立2次試験	平均17,000円
私立一般	平均35,000円

※2012年度入試現在

入学金や授業料は合格祝いとして渡す

入学金や授業料は振り込む前に、「合格祝い」として本人に渡してみましょう。数十万という、今までに見たこともない大金に驚くはず。できれば、入学金の振り込み手続きまで、本人にさせてみましょう。**自分が大学に行くのにどれだけの大金が必要なのかを体感できます。**自宅外通学の場合、さらに家賃などの仕送りも必要です（詳細は132ページ）。その重みを知ったうえで、大学生活を送ってほしいですね。

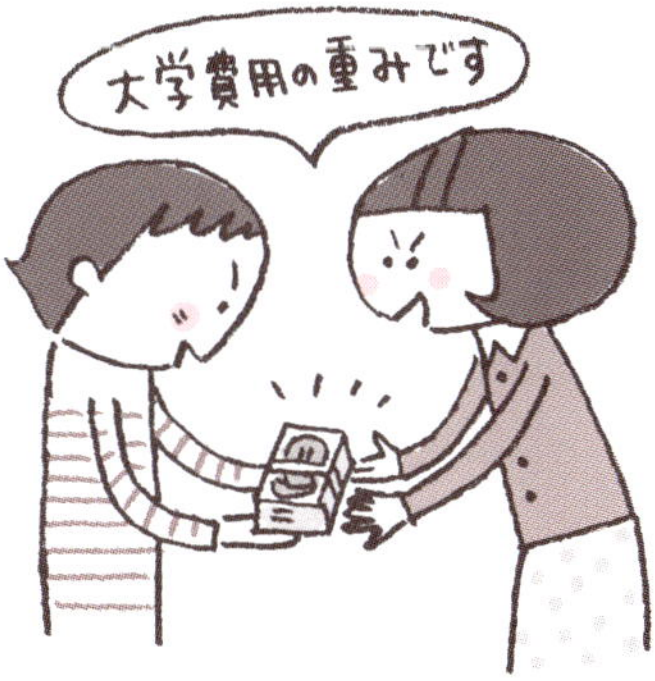

大学納入金の目安

	国立大学	公立大学（平均）	私立大学（平均）	
			文科系	理科系
入学金	28	40	25	27
授業料（年額）	54	54	74	104
施設設備費等	−	−	16	19
初年度	82	94	115	150
次年度以降	54	54	90	123
4年間の合計	244	256	385	519

参考：文部科学省「学生納付金調査結果」2010年度、「私立大学等の平成23年度入学者に係る学生納付金等調査結果」　単位：万円

聞かせて！

先輩ママの体験談

塾の費用を子どもに伝えたら夏季講習も頑張れたみたいです。

夏休みも終わりに近づいたころでした。

とうとう夏休も終わりだぁ～

よく遊んだもんね

夏季講習も頑張ったよ。寝てる子もいたけど、計算したら2時間1,000円なんだよね。1,000円あればいろいろ買えると思ったら、もったいなくて！

エライ！

Let's try!
クイズでマネー教育
～高校生編～

Q. 100万円を10年で2倍にするための金利は？

答え　7.2%

お金を２倍にする「72の法則」があります。

●**72の法則とは**
金融・投資において複利効果によって資金を**元本の２倍にするためにかかる期間**を計算する方程式のこと。

金利(%)×年数(年)＝72

金利をxとして上記の質問をあてはめてみると、
x×10年＝72
x＝72÷10
x＝7.2
つまり金利7.2%で運用すると、元本は10年で２倍になるというわけ。

参考までに、今の普通預金0.02%なら何年で２倍になるのか計算してみると
0.02×x＝72
x＝72÷0.02
x＝3,600
つまり、0.02%の金利では100万円を２倍にするのに3,600年かかる。
（ただし、普通預金は変動金利商品なので、市場金利が上昇すれば金利も上がる）

低金利時代は、ある程度のリスクをとって運用しないと、お金はなかなか増えないということですね。

Q. リスクとは、「損する」だけでなく「増える」こともいう。Yes?　No?

答え　Yes！　リスクには、増えることも含まれる。

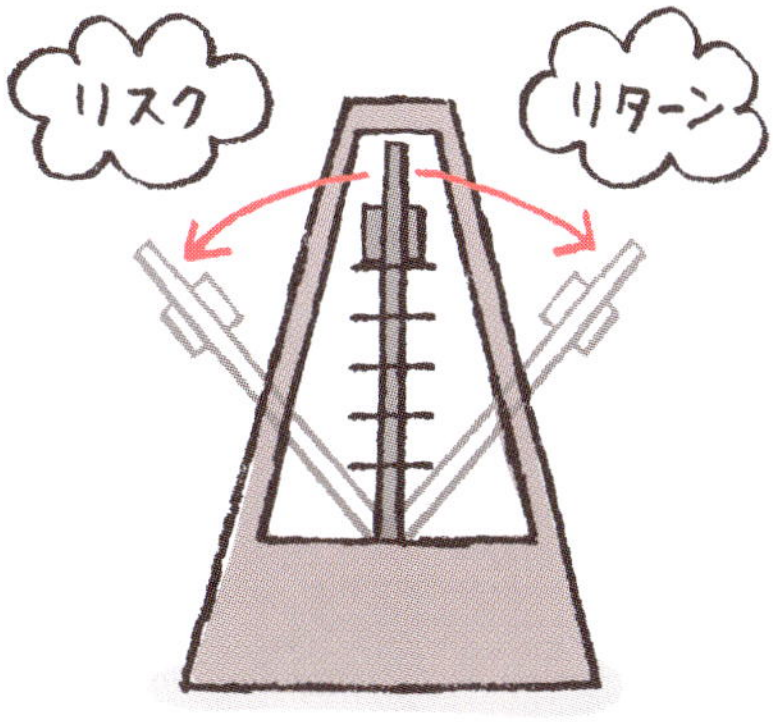

一般的にリスクがあるというと、危険があったり、損をする可能性があるときに使うが、金融経済用語でいうリスクとは、「結果が不確実であること」。つまり、リターン（収益）とリスク（損益）のぶれ幅のことを指し、予想より高く資産が増える可能性も含まれている。

リスクとリターンの関係

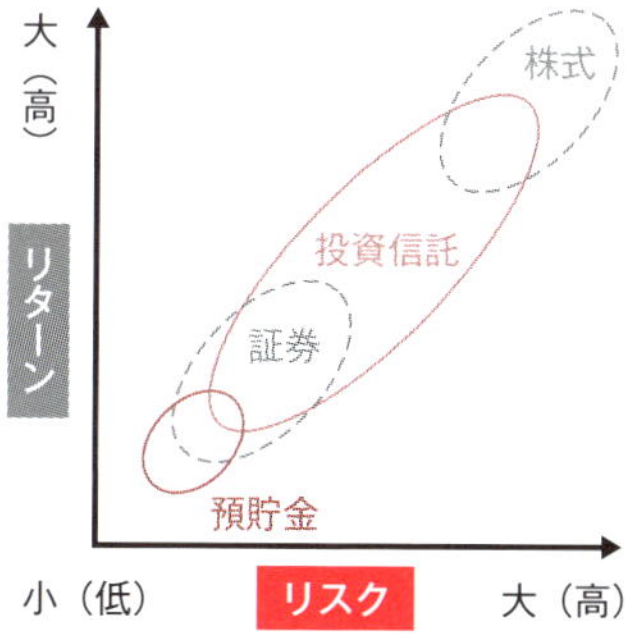

参考：投資信託協会ＨＰ

●リターンを求めるとリスクも大きい
リスクが高い株に対し、預貯金は低い。投資信託は投資する対象がさまざまなので、リスクとリターンの幅も広くなる。

Q. 投資信託を買う際、銀行で買えばリスクが低く、証券会社で買うものはリスクが高い。Yes?　No?

答え　No！　銀行でも証券会社でもリスクに違いはない

●投資信託とは
投資家から集めた資金をひとつにまとめ、運用の専門家（プロ）が債券や株式などで運用し、その運用成果に応じて収益を分配する金融商品。一般に、運用がうまくいけば預貯金以上の収益を得ることができるが、運用がうまくいかなければ元本割れすることも。そのため、運用する際には自己責任が求められる。

金融機関は単に、投資信託を購入する窓口。窓口による、リスクの違いはない。要は中身。どういったものに投資をする商品か、どの程度リスクがあるかを確認しよう。
また元本保証ではないので、長期（10年以上）運用できる資金のみを投資するように。

Q. もし、毎年2%ずつ物価が上がると、今100万円で買えるものが10年後には120万円になる。Yes?　No?

答え　No！　正確には1,218,994円

「１年で２％なので、10年で20％。だから120万円」と考えがちですが、不正解。
物価が年に２％上がると、今年100万円で買えるものが来年には102万円になる。その次の年は102万円から２％アップするので、1,040,400円になる。このように計算していくと10年後には1,218,994円とわかる。

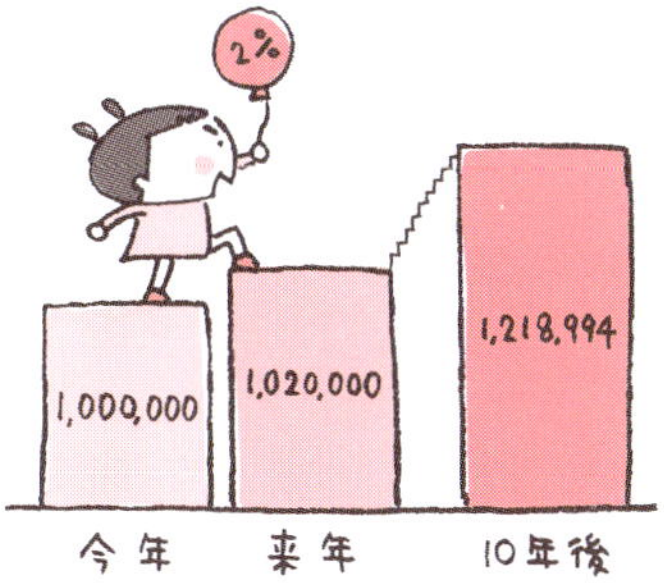

計算式は
1,000,000円×$(1+0.02)^{10}$＝1,000,000円×1.02^{10}
1.02の10乗は「×1.02×1.02×1.02……」と10回繰り返す。
電卓では
1.02××＝＝＝＝＝＝＝＝＝（×を２回、＝を９回）押すと計算でき、1.218994419…となる。
これに1,000,000円をかけると、1,218,994円（1円未満四捨五入）

よって、今100万円で買えるものは、２％の物価上昇が10年続くと1,218,994円になる。

日本ではデフレが長く続き、物価が上がるというイメージがわきませんが、経済が回復して物価が上昇すると、モノの値段が上がる、つまり、お金の価値は下がることになります。お金の価値を下げないためには、物価上昇以上の金利で運用することが大切。つまり、物価が上昇していくときは預貯金だけでなく、投資や運用が必要になってくるのです。

■「複利」で預金した場合の計算

上記の計算方法は、預金の複利でも使える。
たとえば、100万円を年３％で20年間複利運用すると
1,000,000円×$(1+0.03)^{20}$＝1,000,000円×1.03^{20}
1.03の20乗は1.03××＝＝＝＝＝＝＝＝＝……（×を２回、＝を19回）押すと、
1.806111234…となる。
これにも1,000,000円をかけると1,806,111円（１円未満四捨五入）
よって、100万円が20年後には1,806,111円になるとわかる。

大学授業料の「重み」を感じてもらおう

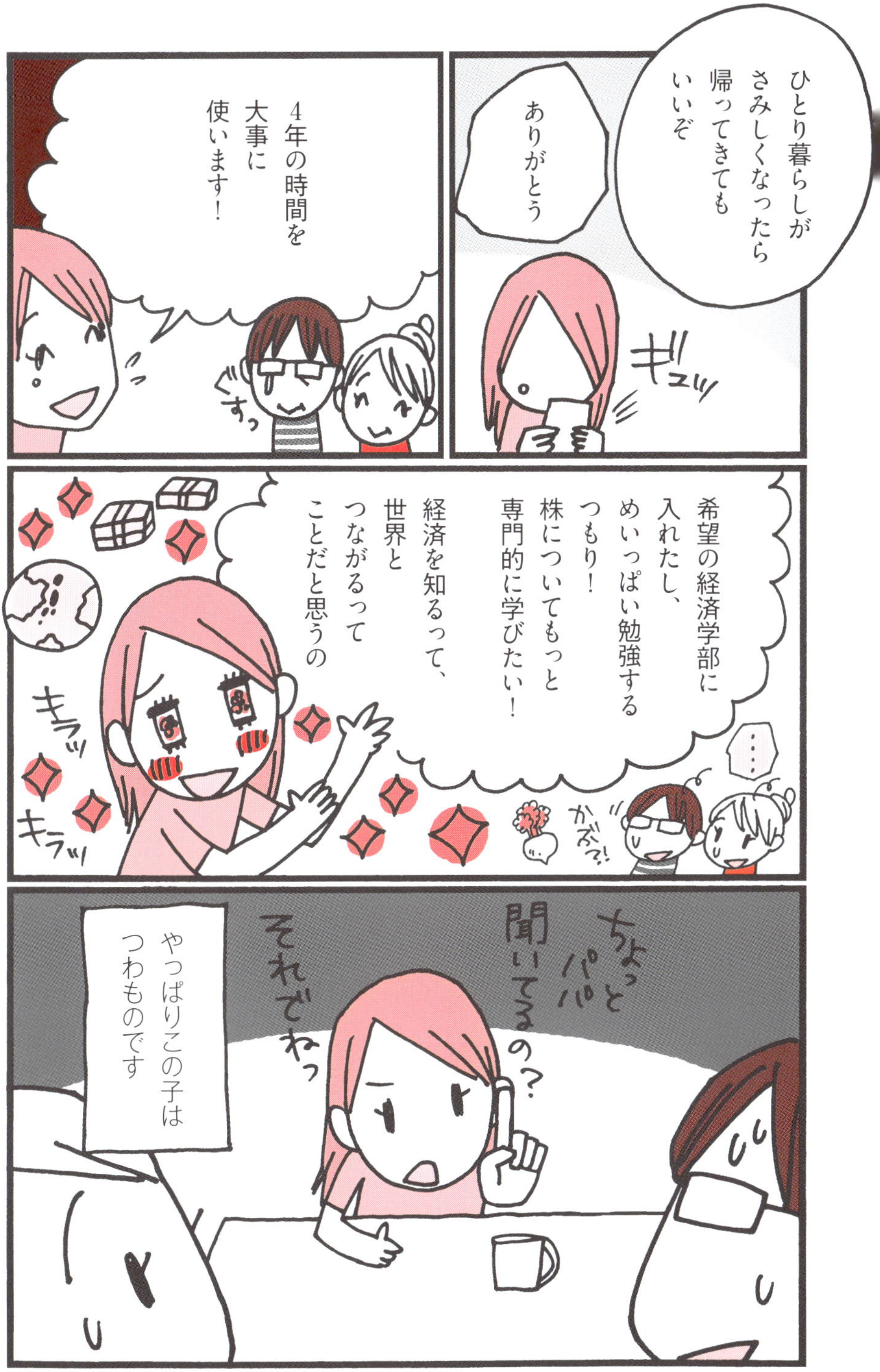
ひとり暮らしがさみしくなったら帰ってきてもいいぞ
ありがとう
ギュッ
4年の時間を大事に使います!
ぐすっ
希望の経済学部に入れたし、めいっぱい勉強するつもり! 株についてもっと専門的に学びたい!
経済を知るって、世界とつながるってことだと思うの
キラッ
キラッ
……
かぶっ?!
ちょっとパパ聞いてるの?
それでねっ
やっぱりこの子はつわものです

大人になる直前、何を教えたらいい？

大学生の金銭教育は自立へのステップです

子どもの自立、親の子離れを目指して

大学生は金銭教育の集大成の時期。**子ども自身の買い物、飲食にかかわるすべてのやりくりを任せます。**親元を離れている場合はもちろん、自宅通学の場合でもなるべく一任しましょう。

大学を出たら、自分で稼いで生活すること、親からの援助はないことを前もって話しておくと、就職活動の真剣度も違ってくるでしょう。

子育ての最終目的は自立できる大人に育てること。親も子離れして、子どものやりくりにあまり口を出さず、見守るようにしましょう。

大学生のおこづかいの例（自宅通学）

費目		詳細	予算
ニーズ	学校関連費用	文房具・書籍・教材など	5,000円
	交通費	通学定期8,000円／月・その他	10,000円
	食費	500円×20日	10,000円
ウォンツ	ケータイ		5,000円
	交際費		3,000円
	被服費	洋服・靴・バッグなど	5,000円
	趣味代・その他		2,000円
合計			40,000円

大学生のおこづかいの例（下宿）

費目		詳細	予算
ニーズ	学校関連費用	文房具・書籍・教材など	5,000円
	家賃、光熱費		60,000円
	食費	1000円×30日	30,000円
ウォンツ	ケータイ		5,000円
	交際費		3,000円
	被服費	洋服・靴・バッグなど	5,000円
	趣味代・その他		2,000円
合計			110,000円
アルバイト・奨学金			5,0000円
仕送り額			60,000円

：自宅通学よりも多くかかる費目

下宿の家賃は子どもの口座から

家賃は親の口座からの引き落としを希望するオーナーが多いようですが、可能なら**子どもの口座からの引き落としにし、それもおこづかいに含めて仕送りをしましょう。**

家賃、外食費、交際費、医療費、化粧品代など合わせると大きな負担になるので、すべてを出せない家庭も多くあります。出してあげられる金額を伝え、足りない分はバイトや奨学金で補てんしてもらいましょう。

⇒詳細は１３３ページ

クレジットカードの使い方を教える

大学生になると、クレジットカードがつくれるようになります。クレジット機能つきの学生証をつくれる大学も増えています。**親の目の届くうちに、クレジットカードの使い方を教えておきましょう。**もちろん**引き落としは本人名義の口座**にします。

レジでは**「支払いは1回で」**と言うことも忘れずに伝えておきましょう。

⇒詳細は１１０、１３４ページ

おこづかい教育のヒント

大学生を狙った消費者トラブルに注意！

親元を離れてひとり暮らしをする場合、**消費者トラブルに巻き込まれないよう注意**が必要です。大学生をねらったマルチ商法や、就活に役立つといって高額な資格取得講座などをすすめる業者があるようです。

特に**20歳になると親の承諾なしに契約が成立するため、気をつけるように**伝えましょう。

⇒詳細は１３６ページ

何が違う？

下宿の注意は？

自宅通学と下宿、額は違えど**基本は同じ**です

金銭教育の総仕上げに

自宅通学と下宿では金額こそ違いますが、基本は同じです。金銭教育の集大成として、**食費、交通費、被服費、交際費など、子どもにかかるすべてをおこづかいに含め、任せるようにし**ましょう。

大学生へのおこづかいのポイント

新学期は多めに渡す

新学期は、教材費や数か月分の通学定期代などがかかります。できれば**4月に2～3か月分を前払い**してあげるとよいでしょう。

学校がはじまるまで必要額がわからない場合は、**仮払いをして、後で清算**することを提案してみては。

下宿の仕送りは平均9万円

ひとり暮らしをはじめる際の家具・家電代、引っ越し代や敷金などの合計は平均で48万円です。子どもに渡し、子ども自身の手で払うようにさせましょう。

仕送りの平均は年108.5万円（月９万円）ですが、よく話し合い、我が家の仕送り額を決めましょう。

■下宿する子ども1人への仕送り額（年間）

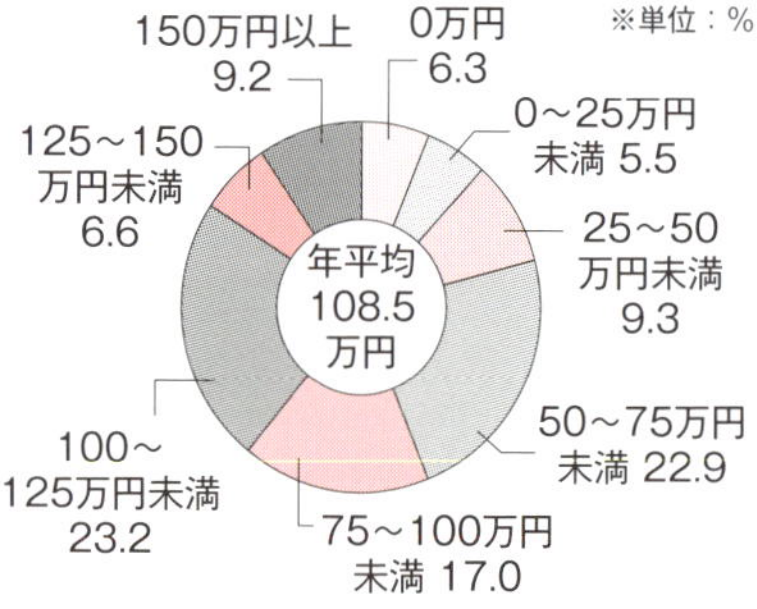

参考：日本政策金融公庫「教育費負担の実態調査結果」2012年度

大学生の収入と支出の目安（昼間部）

区分		自宅				下宿、アパート、その他			
		国立	公立	私立	平均	国立	公立	私立	平均
収入	家庭からの給付	62	58	106	100	119	105	172	153
	奨学金	24	28	39	37	37	47	47	44
	アルバイト	31	32	35	35	24	28	28	27
	定職収入・その他	4	5	5	5	5	6	5	5
	合計	121	123	185	177	185	186	252	229
支出	授業料	50	52	95	89	51	52	101	84
	その他の学校納付金	1	2	18	16	1	2	19	13
	修学費	6	5	5	5	5	5	5	5
	課外活動費	4	3	4	4	5	4	4	4
	通学費	10	12	11	11	1	2	2	2
	小計（学費・通学費）	71	74	133	125	63	65	131	108
	食費	10	9	10	10	28	25	26	27
	住居・光熱費					51	47	48	49
	保健衛生費	4	4	4	4	4	4	4	4
	娯楽・し好費	13	13	12	13	15	14	15	15
	その他の日常費	9	10	10	10	10	11	11	11
	小計（生活費）	36	36	36	37	108	101	104	106
	合計	107	110	169	162	171	166	235	214

出典：日本学生支援機構「学生生活調査」2010年度

お金の豆知識

奨学金や教育ローンを借りる場合

大学生のふたりにひとりは奨学金を借りる時代です。もっともポピュラーなのは日本学生支援機構の奨学金。無利息の第1種は親の年収や本人の学業成績などハードルは高め。利息あり（上限3%）の第2種なら、条件はゆるく借りやすいでしょう。貸与月額は3、5、8、10、12万円のなかから選択します。在学中の利息はつきません。

独自の奨学金や授業料免除などの制度を設けている大学も多いので、受験する前に確認しておきましょう。

教育資金が足りないときのもうひとつの選択肢が教育ローンです。ただし、この時期のローンは親の老後資金に影響します。

できれば奨学金やローンを組まずに済むよう準備しておきましょう。それが無理でも、なるべく借入額は抑えられるよう、貯金計画を立てておきたいですね。

大学生のうちにクレジットカードの使い方を教えましょう

クレジットカードは「信用」で成り立っている!?

クレジットとは**「信用」**という意味です。私たちが後で支払うことを信じて、お金を立て替えてくれるのがクレジットカードなのです。子どもがカードをつくる際は、このことを教えておきましょう。

もし、**引き落とし日に残高不足などで払えなかった場合は、信用が傷つくことになります。**すると後々、住宅ローンや車のローンを組むのが困難になることも。**カードで買い物をする場合は、払える金額内に抑えておく**ことが大切です。

知っておきたいクレジットカードのしくみ

支払方法いろいろ

クレジットカードの支払い方法には、**一括払い、分割払い、リボルビング払い**があります。

分割払いには利息がつく

やりくりがピンチの月には、分割払いが魅力的に感じるかもしれませんが、3回以上に分割すると利息がつきます。**「今、支払えないなら買わない、貯まるまで待つ」。**レジでは**「1回で」**と言い、カードの使用は銀行の残高までにするよう、伝えておきましょう。

- **一括払い**
カードで使用した金額を翌月、または翌々月に一括で支払う方法。

- **分割払い**
支払い回数を指定して、代金を複数回に分けて支払う方法。指定した回数で支払いが終わるので、払い終わる時期を把握しやすい。

- **リボルビング払い**
月に支払う額を指定して、使用代金を支払う方法。月に払う額が一定なのでやりくりしやすいが、いつ払い終わるのかわかりにくい。

お金のトラブル事件簿　深刻度★★☆

子どもがキャッシングに手を出していた！

仕送りやバイトのお金が足りず、気軽にキャッシングをする大学生が増えています。10万円のキャッシングが、金利18％、月1万円ずつの返済なら11万円強に膨らみます。

心配なら、

①キャッシング機能なしのカードにする

②すでにあるカードのキャッシング枠を0円にする

などしてもよいでしょう。

リボルビング払いは甘いワナ

リボルビング払い（略してリボ払い）は使った金額にかかわらず**月々の支払額が同じなので、やりくりしやすく感じますが、「借金」の一種**です。年12～18%もの利息が発生します。

■3万円をリボ払い（月々5,000円コース）で使用した場合

元金の合計	30,000円			
手数料（利息）の合計	1,256円			
支払いの合計	31,256円			
回数	元金	手数料（利息）	支払い合計	残高
1回目	5,000	320	5,320	25,000
2回目	5,000	308	5,308	20,000
3回目	5,000	254	5,254	15,000
4回目	5,000	184	5,184	10,000
5回目	5,000	127	5,127	5,000
6回目	5,000	63	5,063	0

3万円の買い物をリボ払い（月々5,000円ずつ返済するコース）で購入した場合、1,256円の利息を払うことに。一見、大した金額ではないと感じますが、リボ払いで怖いのは最初の返済が終わる前に、次の買い物ができる点。**知らないうちに支払い回数は伸び、利息が膨らんでいくことに**なります。

※単位：円
※JCBカードショッピングリボ払いシミュレーションサイトにて試算

トラブルに備えるには？

消費者トラブルに巻き込まれないための悪質な勧誘のタイプと対処法

まだ経験の浅い大学生 悪質販売に注意

大学生は人生経験が未熟なため、消費者トラブルに巻き込まれるケースが少なくありません。マルチ商法、ワンクリック詐欺、デート商法などその実態を知るだけでも警戒につながります。契約してしまった場合の対処法や相談窓口などを教えておきましょう。

⇒詳細は159ページ

大学生が注意したい金銭トラブルの手口

1 大学生に多いマルチ商法

商品を販売したり、紹介した友だちが会員になるとマージンが入る、いわゆるマルチ商法が大学やサークル内で問題となることがあります。

「バイトより楽に稼げる」と友だちや先輩に誘われても、あやしいと思ったらはっきり断るよう教えておきましょう。

2 20歳になると増える勧誘

成人になると親の承諾なしに契約でき、未成年のときのように無条件解約もできません。

20歳の誕生日を過ぎると、「中学や高校の友だち」という電話が増えることも。「知っている人？」と確認してから子どもに取り次ぎましょう。

子どもが留守の場合でも、ケータイ番号を教えないこと。フルネームといつの同級生か、相手の連絡先を聞いて子どもに伝えましょう。

3 就活中をねらった高額な講座

就職に役立つからと強引に資格取得講座や外国語教室などをすすめられ、高額な契約をしてしまうというトラブルもよくあります。本当に自分にとって必要か、もっと安いものはないかを調べるなどして、その場では契約しないように言っておきましょう。

クーリング・オフ制度を知っておこう

もし契約してしまったら、一定期間内であれば無条件で契約の解除ができます。それをクーリング・オフといいます。

クーリング・オフをできる期間は限られていて、契約書面を受け取った日からカウントします。

■クーリング・オフの期限

●8日間

電話勧誘販売、特定継続的役務提供、訪問販売（アポイントメントセールス、キャッチセールスを含む）

●20日間

連鎖販売取引（マルチ商法）、業務提供誘引販売取引（内職商法）

★クーリング・オフの対象とならないもの

自ら電話やハガキ、インターネットで注文した通信販売

■クーリング・オフのハガキの記入例

郵便局の窓口で「簡易書留」扱いにして販売業者宛てで出します。この際、ハガキ両面のコピーを控えとして保管しておきます。

契約解除（申し込み撤回）
・契約（申し込み）年月日
・販売業者名
・販売員氏名
・販売業者住所
・販売業者電話番号
・商品（役務・権利）名
右記日付の契約を解除（申し込みを撤回）します。

（裏面）

○○県○○市○○町○番地
○○○販売株式会社　御中

切手
簡易書留

・契約者住所
・契約者氏名

（表面）

おかしい、あやしいと思ったときは、下記の連絡先に相談してみましょう。

●消費者ホットライン　0570《ゼロ・ゴー・ナナ・ゼロ》-064-370《守ろうよ、みんなを》

就職活動にあたって「働くとは」を考えましょう

就活は「挫折」の練習でもある

やりたい仕事があって、関連の会社に就職できれば理想的ですが、現実はそうもいきません。それでも、**大学を出たら自活するのが基本。卒業後は、金銭的に親に頼らないつもりで就活するよう伝えて**おきましょう。

たとえ大学でやりたいことが見つからなくても、それは働きながら探していくもの。自分探しは誰もが人生を歩みながら続けているものなのです。**就活は理想と現実のギャップを体験する試練**ですので、親としてはそっと見守って応援しましょう。

正社員とフリーターの違い

フリーターは非正規の雇用形態。**会社の業績次第でいつリストラされるかわからない不安定な立場**です。時給では収入増も期待できません。社会保険に加入できないケースも多く、正社員のような福利厚生もありません。

フリーターのデメリット

①仕事がなくなると、収入も失う
②ボーナスがない
③収入アップが期待できない
④福利厚生が期待できない
⑤男性の場合は結婚率が低い
⑥住宅ローンを組めない
⑦退職金や老後の年金も少ない

新卒で正社員に

現状の日本では、就職が決まらないまま卒業してしまうと、正社員での就職が厳しくなります。「とりあえずフリーターでのんびり職探し」という考えは捨て、卒業する前に就職が決まるよう応援しましょう。

お金の豆知識

意外と見落としている!? 会社選択のポイント

会社を選ぶ際は給与の額に目が行きがちですが、**退職金制度のあるなしも大切**です。退職金や企業年金は、給与以外に会社が負担して積み立てているもの。この制度が会社にあるかないかは、将来設計に大きく影響を及ぼします。

制度のない会社も多いので、給与以外の**退職金や企業年金も会社選びの際にチェック**しておきましょう。

■正社員とフリーターの生涯賃金の違い

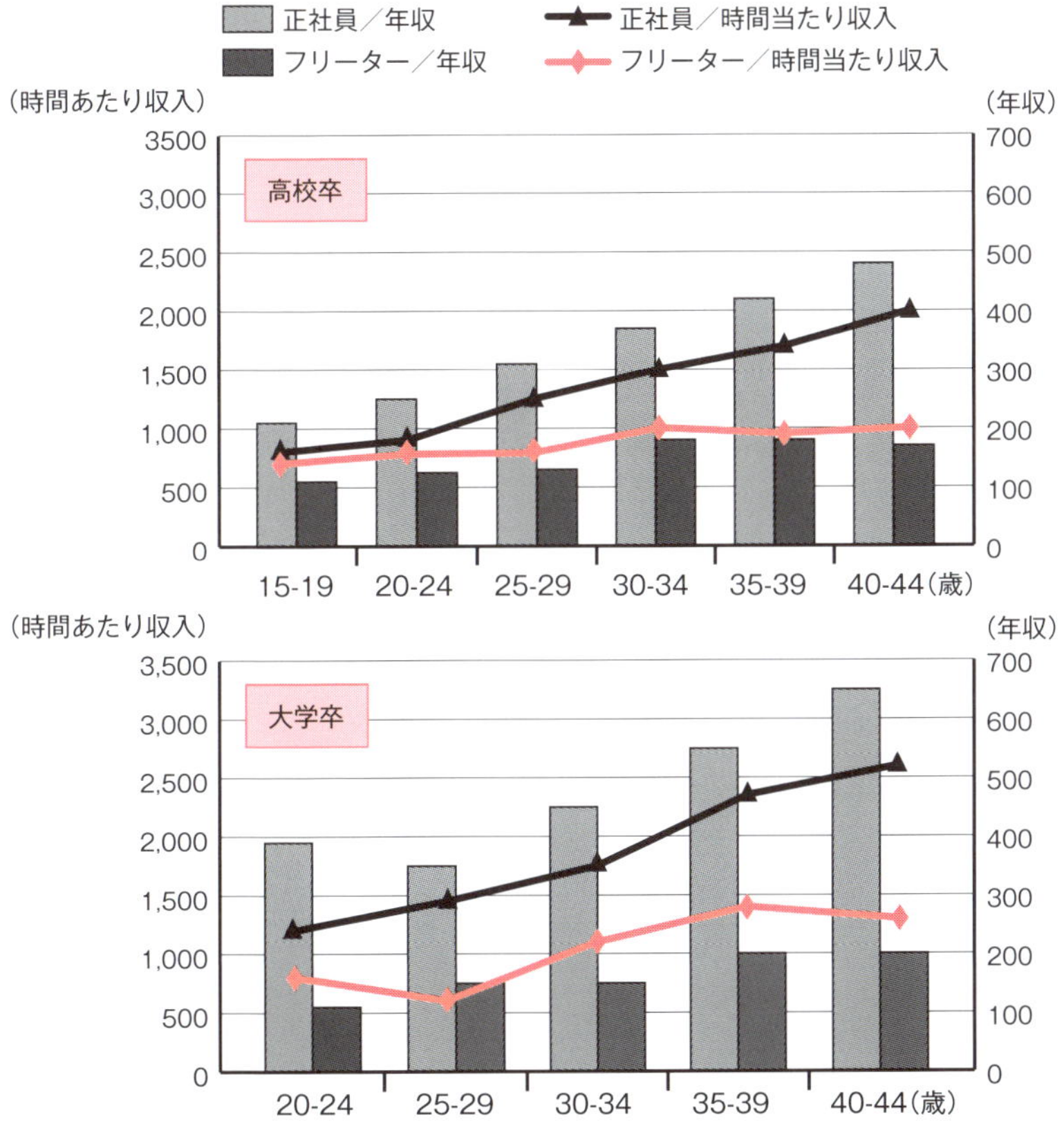

参考：独立行政法人労働政策研究・研修機構「若年者の就業状況・キャリア・職業能力開発の現状」2009年

Let's try!
クイズでマネー教育
～大学生編～

Q. アルバイトで103万円以上稼ぐとどうなるでしょう？

答え パパ（またはママ）の所得税・住民税の負担が増える。子ども本人は、130万円以上になったら所得税・住民税を自分で払い、国民健康保険に入らなくてはならない。

●パパ（またはママ）の税金が増える

所得税を計算する際、扶養している（養っている）16歳以上の子どもがいると一定の所得控除が受けられる。

12月31日時点の年齢が16～18歳までの子は38万円、19～22歳までの子は63万円分に本来かかる所得税が免除されるのだ。

ところが、子どもがアルバイトで103万円以上稼ぐと「ひとりで生活する能力・収入のある者」とみなされ、この扶養控除が受けられなくなる。

年間あたり、上記の額の５～40％（収入によって異なる）の所得税が増えてしまう。

また、翌年の住民税でも控除の枠がなくなる。住民税の扶養控除は16～18歳までの子は33万円、19～22歳までの子は45万円（2013年現在）で、税率10％の住民税が増えることになる。

●本人も税金納付・健康保険の加入が必要に

一般的に本人の収入が103万円を超えると所得税がかかるが、学生の場合は勤労学生控除（27万円）というものがあり130万円（103万円＋27万円）までは税金がかからない（住民税の勤労学生控除は26万円）。

所得税の税率は累進課税といって、収入が高くなれば税率も高くなる。子ども本人の税率は５％くらいなのでそれほど影響はないものの、パパやママの税率は10％または20％くらいなので負担はぐっと大きくなる。

また、アルバイトの収入が130万円を超えると健康保険がパパ、ママの扶養家族ではなくなるため、自分で国民健康保険に入る必要が出てくる。

高い授業料を払って大学に通っているわけですから、アルバイトはほどほどに。
学業がおろそかにならないように気をつけてほしいものです。

Q.「10万円お貸しします！　1か月後の返済利息はたったの1,500円！」この広告の金利は何%?

答え　18%

金利は「$\frac{利息}{元金}$×100」で計算する。
よって1,500円÷100,000円×100＝1.5%
答えは1.5%！

……と計算したいところだが、実は利息は年利で計算する。
１か月で1,500円ということは、１年間なら1,500円×12か月＝18,000円
よって、上記の計算式にあてはめて18,000円÷100,000円×100＝18%
よってこの広告の金利は18%となる。

1,500円というと、安いような気がするが、計算すると非常に高い金利とわかる。
「1,500円なら借りてみようかな」と思わせるのがネライなのだ。

金利を年利で表示するのは預金の場合も同じ。
たとえば、この広告を見てみよう。

> **定期預金特別キャンペーン!**
> **3か月もの0.5%（300万円以上）**

昨今の定期預金は0.025%なので、20倍の高金利と思える。
300万円預けると300万円×0.5%＝15,000円（税引き前）も増えるように感じる。

ところが、これは３か月もの。
実際の利息は15,000円×$\frac{90}{365}$日＝3,698円（税引き前）
となり、３か月後の金利は0.025%と通常のものに戻ってしまう。
このように、目につく金利を打ち出すことで、新規顧客を取り込みたいという企業のネライがあるのだ。

このように広告などは「パッと見」だけで飛びつくのではなく、冷静に判断できる知識を持ちたいですね。有利に見える商品にはどこか裏があるものです。

どうしてフリーターじゃいけないの？

フリーターは いろんな面で不利だよ

わざわざ就活なんてしなくてもいい、
アルバイトで食べていける——
最近は、そう考える子が多いようです。
なぜフリーターより正社員がよいのかを説明できますか？

■生涯賃金の差、2億円！

大卒で定年まで同じ企業で働き続けた場合の
生涯賃金（退職金を除く）は
男性2億8000万円、女性2億4000万円※です。
フリーターの場合、月16万円で22〜60歳まで働いたとして、
16万円×12か月×38年＝7296万円。男性の場合、その差は
2億円です。退職金を含むと、それ以上の差が出てきます。

※労働政策研究・研修機構「ユースフル労働統計ー労働統計加工指標集ー2012」

■年金の差、2000万円以上！

また正社員とフリーターの差は、老後の年金にも影響します。
厚生労働省モデル年金の「40年間会社員だった人」の年金額は月16.7万円。
一方、「フリーターで国民年金を40年間払った人」の年金額は月6.7万円。
この10万円の違いが、65歳男性の平均余命19年で計算すると
10万円×12か月×19年＝2280万円の差になります。

■働けないときの保障の差いろいろ

正社員は厚生年金、健康保険、
雇用保険などの社会保険に入り、
さまざまな保障があります。

どんなとき	どこから	いくら	給付金の名称
病気やケガ	健康保険	給料の2／3	傷病手当金
出産	健康保険	〃	出産手当金
育児休業	雇用保険	給料の50%	育児休業給付金
介護休業	雇用保険	給料の40%	介護休業給付金
失業・求職	雇用保険	給料の50〜80%（上限有）	基本手当

フリーターでいいという子は、どこかで親の援助を期待しているのかも。
子育ての目標は子どもを一人前の大人に育てること。
大学を出たら自立して暮らしていくように前もって話しておきましょう。

第6章
自立した社会人になるために

社会に出て働きはじめたら、もう立派な大人。
これまでの金銭教育が実を結び、お子さんは
やりくり上手になっているはずです。
これからの人生にかかるお金や保険のことを伝えて、
金銭教育の総仕上げとします。

社会人になったら貯金をすすめて金銭的な自立をさせましょう

社会人になったら天引きの貯金を

子どものうちから「大きなお金が入ったら、まず貯金」の習慣ができていれば、自然と貯金を考えるでしょう。生活費の残りを貯金するのではなく、**お給料の一部をあらかじめ貯金に回す「天引き貯金」がおすすめ**です。

ふたつの天引き貯金

1. 銀行に申し込む「自動積み立て定期預金」

銀行などの金融機関に申し込み、普通預金から定期預金に自動的に振り替えてもらう制度です。給与振り込みの翌日を振り替え日に設定すれば、天引き貯金になります。

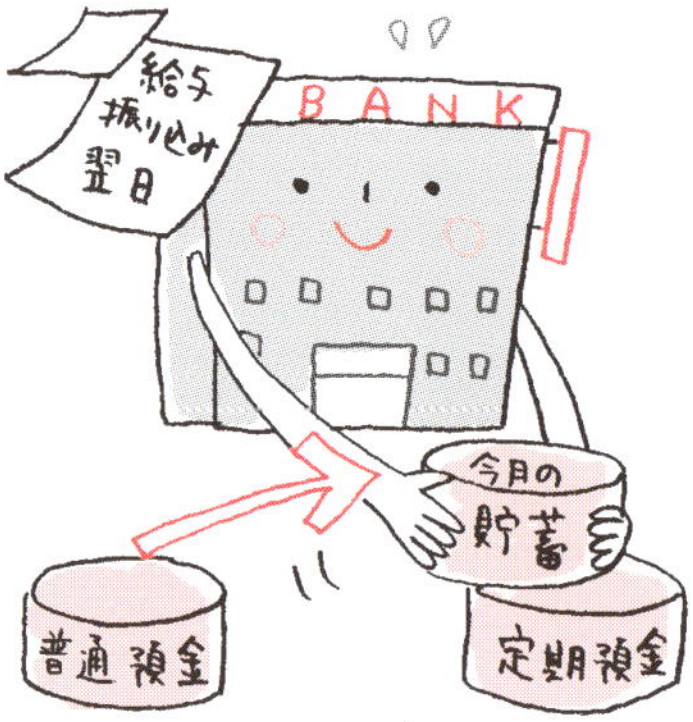

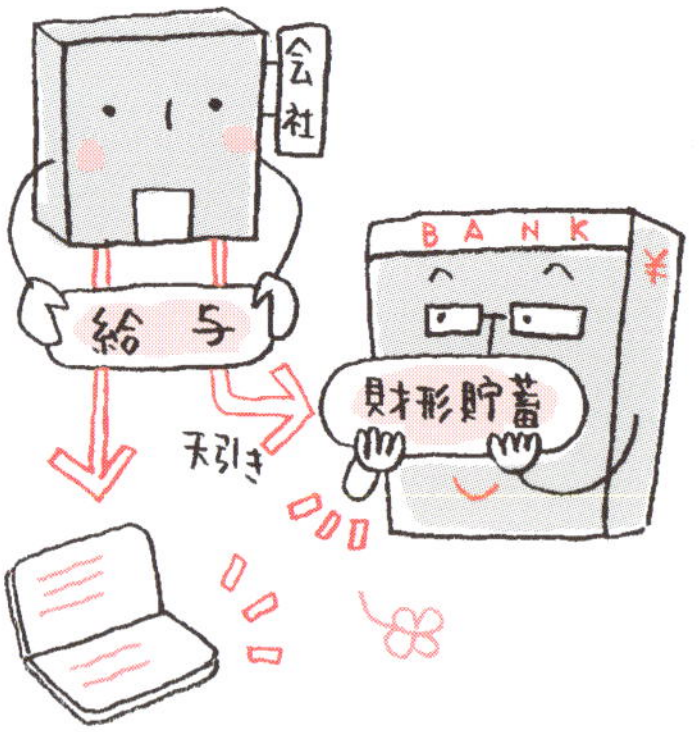

2. 勤務先に申し込む「財形貯蓄」

会社が導入していれば、こちらもおすすめ。ライフプランが確定しない**独身時代は、使い道が自由な「一般財形」がよいでしょう。**使い道は限定されるものの、一定金額まで利子が非課税の「住宅財形」「年金財形」もあります。

奨学金は計画的に返済を

大学時代に奨学金を借りた人は、奨学金の返済がはじまります。返済には10年以上かかりますが、**結婚後子どもができる前に完済したい**ものです。

国民年金の追納は2年以内に

学生のときに国民年金の学生納付特例（年金の支払いを社会人になるまで遅らせる制度）を申請した場合、働きはじめたらなるべく早く追納しましょう。10年間の猶予期間がありますが、3年目からは加算金が発生します。

2年分を追納しておけば、受給できる年金額は1年あたり約4万円アップし、追納しても10年でもとがとれる計算です。※2013年度価で計算

お金のトラブル事件簿　深刻度★★★

子どもが奨学金を返していなかった！

「返さなくてもいいと思った」などと言って、奨学金を返済しない若者が増加し、近年では社会問題にもなっています。

奨学金といえども、借金であることに変わりはなく、**借りたお金は利息をつけて返さないといけません。返した奨学金が、現役の学生たちの勉学活動を支えているのです。**

返済しない期間が長いほど、利息も膨らみます。子どもの収入の状況でどうしても返済が続けられない場合は、猶予制度を提案してもよいでしょう。返済する姿勢を継続させることが大切です。

奨学金で学費を補った原因は、親にあります。**子どもにお金を借りさせたのですから、責任を持って、完済するまで見届けましょう。**

これからかかるお金は？

結婚や住宅購入のお金を用意しておくよう伝えましょう

ひとり立ちしたら援助は最小限に

「独身貴族」というように、ひとりで自由にお金が使える独身時代は浪費しがちです。これからかかるお金を考えて本人に準備させましょう。

その一大イベントが結婚。親が出してあげるのではなく、**結婚資金は本人が準備して、親はお祝い程度におさえ**るつもりだと伝えておきましょう。

結婚、新生活の費用は子どもが貯金を

婚約、結婚から新生活準備まで、費用はさまざまですが、一般的な費用を伝えておくとよいでしょう。

結婚にかかる費用（ご祝儀差し引き）と新婚生活をスタートさせるための費用を合わせると、約３６６万円です。これはあくまでも平均データなので、どのような式を望むかによって金額は異なりますが、**できればふたりで300～400万円の貯金が目標**となるでしょう。

■結納・婚約～新婚旅行にかかった費用（平均）

単位：万円

婚約・結婚指輪	55.0
挙式・披露宴パーティ	354.9
新婚旅行	56.1
合計	466.0
いただいたご祝儀総額	221.5
差し引き	244.5

参考：「ゼクシィ結婚トレンド調査 首都圏」2012年度

■新生活準備にかかった費用（平均）

単位：万円

インテリア・家具	44.0
家電	39.6
賃貸費用	24.4
引っ越し	6.1
合計	114.1

参考：「ゼクシィ新生活準備調査」2012年度

結婚後の妻の働き方

女性は結婚や出産を機に仕事を辞め、夫の扶養家族になるケースが多いようです。子どもの考えは尊重すべきですが、**共稼ぎのほうがメリットは大きい**ことを伝えておきましょう。**いったん退職すると、再就職後の収入は半分以下に**なってしまいます。

正社員を継続し、産休や育児休業をとって**復帰すれば、休業中も出産手当金、育児休業給付金などがあり、復帰後数年で収入の回復が望めます**。生涯賃金で比較すると、5000万~1億円以上の差になると考えられます。

住宅資金援助は老後資金を考えてから

子どもが家を買う際、金銭面で援助してあげたいと思うのが親心。親からの援助には一定金額まで、非課税となる特例が設けられています。

しかし、**援助してもローンの額が減るケースは少なく、その分高い物件を望むのが一般的です**。結果、身の丈以上の住まいを買うことにもなりかねません。高い物件はその分、固定資産税や維持費も高くなります。

また、ご自身の老後資金は充分でしょうか？ 余裕がある場合でも、もしかしたら介護が必要になるかもしれません。そのことまで考えて、援助するかどうかを決めましょう。

お金の豆知識

お祝い事の結婚式を借金で行うのはNG

式を挙げるお金がない場合、ウェディング専用のブライダルローンというものがあります。しかし、新しい出発を借金ではじめるのは感心しません。

貯まるまで待つか、貯金の範囲でできるジミ婚を考えましょう。結婚後、子どもの教育資金や、マイホームの資金も必要になります。

親としてはある程度の披露宴を望むかもしれませんが、**大切なのは結婚式そのものではなく、子どもの自立と、結婚後に築き上げる家庭**です。

●**ブライダルローンの例**
200万円を借りて5年で返す場合（金利15%）
毎月の返済額は47,579円
総返済額は2,854,770円
↓
約85万円も余分に出費することに！

家にお金を入れてもらう？

同居中はお金のルールを決めてけじめをつけましょう

子どもの独立のため家にお金を入れてもらう

子どもが勤めはじめてからも、勤務先が近ければ、しばらく同居することもあるでしょう。家を出ていれば必要になる家賃、食費、光熱費などがかからないわけですから、子どもにも**親の家計の一部を負担させましょう。**

金額は収入によって差があるでしょうが、**3～5万円というのが一般的。**

子どもにしてみれば、家賃や光熱費がいらないうえに、食事や洗濯もやってもらえるわけですから、あまり居心地がよいと独立、結婚が遅くなるかもしれません。せめてお金は入れてもらうようにしましょう。

生活費をもらうことが最後の金銭教育

子どもからお金をもらうことを悪いと思う必要はありません。老後に迷惑をかけないために貯金しておけば、結果的には子どものためにもなります。家計にゆとりがあれば、これから先いくらでも子どもや孫のために使うことができます。

要は独身貴族で使いすぎないため、また**独立して家賃がかかるようになっ**

たときの支出のギャップを埋めるためと考え、同居の場合は家にお金を入れてもらいましょう。

もらったお金の使い道

＊親の老後にあまり余裕がなければ、老後資金に
＊教育ローンがあれば、その返済に
＊子どもの結婚式のために貯めておく
＊子どもが部屋を借りるときの敷金に
＊子どもが結婚して孫ができたときの教育資金に

お金のトラブル事件簿　深刻度★★★

子どもが「会社を辞めたい」と言ったら……

入社後すぐは勝手がわからず、「辞めたい」と言い出すことがあるかもしれません。そのときの対応が大切です。簡単に「辞めたら？」と言わず、悩みの原因をよく聞いてあげましょう。

追い込みすぎない程度に**「1年間は頑張ってみたら？」**と話してもよいでしょう。1年勤まらないようなら、どこへ行っても同じかもしれません。

辞める決心がかたい場合は、**転職先を探してからにするよう提案**してみましょう。

もし、セクハラやパワハラが原因であれば、相談する場所があることを教えてあげましょう。厚生労働省「こころの耳」では、各種相談窓口を紹介しています。
http://kokoro.mhlw.go.jp/hatarakukata/soudankikan.html

■新卒社会人の離職率

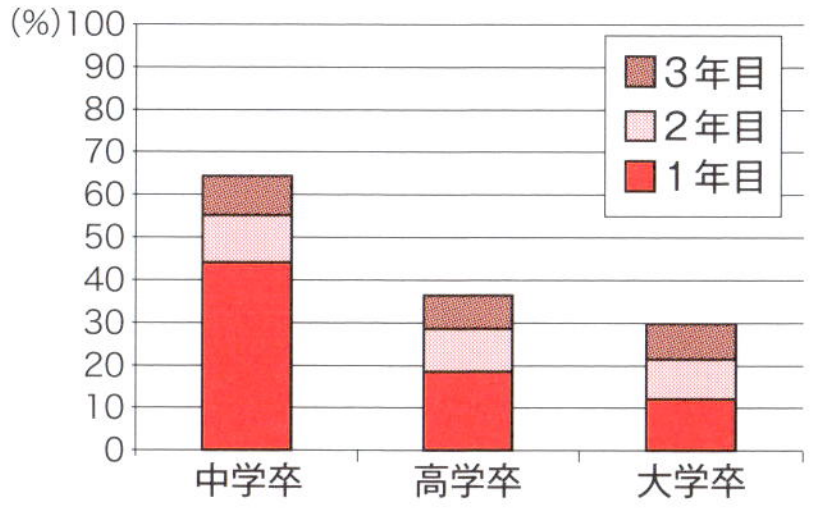

参考：厚生労働省職業安定業務統計

入社３年以内の離職率は大卒で約３割。そのうち１年目で辞める割合は12.2%に及びます。

実はみんなよく知らない!?

社会人に必要なお金の知識を伝えておきましょう

社会保険ってどんなもの?

会社員になったら、自動的に社会保険に加入します。その保険料は給与から天引きされているのに、保障の内容まではよくわかっていない人が多いのです。

子どもには、社会保険加入のメリットを教えてあげましょう。どのようなときにどのような給付があるかを知っておくことが大切です。

※初任給20万円（東京都大卒平均）で試算（2013年6月現在）

健康保険（協会けんぽ）

月に支払う保険料9,970円（額は東京都の場合／会社も同額負担、組合けんぽの場合はこれより安い）

＊療養の給付：病院で保険証を提示すると3割の負担で医療が受けられる

＊高額療養費：医療費が高額になった場合は自己負担限度額を超えた分が戻ってくる

＊傷病手当金：病気やケガで仕事ができず、給与がもらえない場合にもらえる

＊出産手当金：出産のために仕事ができず、給与がもらえない場合にもらえる

厚生年金

月に支払う保険料1万6,766円（会社も同額負担）
＊老齢年金：国民年金＋厚生年金（厚生年金は払った保険料と期間で計算される）
＊障害年金：障害を持ったときの年金が程度に応じてもらえる
＊遺族年金：本人死亡の場合、遺族に支払われる

雇用保険

保険料1,000円（会社負担1,700円）
＊基本給付：失業して求職中に支払われる給付
＊育児休業給付：育児のために休業をとったときにもらえる給付
＊介護休業給付：家族の介護のために休業をとったときにもらえる給付

労災保険

保険料は会社負担のみ
仕事中や通勤途中のケガや、仕事が原因の病気のとき
（死亡の場合は遺族に）支払われる給付
療養の給付、休業給付、障害給付、遺族給付などがある

社会人になったら保険に入るもの？

新社会人になったら、「保険に入って一人前」と保険をすすめられることが多くなります。しかし社会人になったからといって本当に保険は必要なのでしょうか？

そもそも保険とは、死亡したり、病気やケガをしたときなどに収入をカバーするもの。私的保険を考える際は、もうすでに加入している**公的な保険の保障内容を理解したうえで、その不足分を補う必要があるかどうかを考えましょう。**

特に**死亡保険に関しては、万が一の場合、生活に困る人がいるかどうか**を考えます。親を養っている場合はある程度必要でしょうが、独身で、**養っている家族もいない場合は不要**です。

Let's try!
クイズでマネー教育
～社会人編～

Q. 200万円の車をローンで買うと?

答え　ボーナス払いなし、５年返済の場合、返済額は下の表のようになる。

実質年率	月の返済額	総返済額
3.5%	36,383円	約218万円
5.0%	37,742円	約226万円
7.0%	39,603円	約237万円

車はローンで買うものと考えている人が多いですが、それなりの利息を払うことになります。できればお金を貯めて、一括で買いましょう。

オートローンやマイカーローンの金利が比較的低いのは、買った車を担保にお金を借りているからです。完済するまでは本当の意味で、自分の車ではありません。一括なら、買ったその瞬間から車は自分のものです。

現金が足りず、どうしてもローンを組む場合でも、金利の低いところを探して契約しましょう。

Q. 老後のために年金保険をすすめられたら、入ったほうがよい？

答え 老後よりも、結婚資金や子どもの教育費、マイホーム資金の蓄えが先

若いうちから30年、40年後にしか使えない老後の年金保険に加入するよりは、それより前に必要となる結婚費用や子どもの教育資金、マイホーム資金を蓄えておくべき。

ただし、退職金や企業年金制度がない会社に勤務する場合、給与の一部を老後のために蓄えておく必要があります。その場合は保険ではなく「個人型確定拠出年金（401K）」がおすすめ。

●個人型確定拠出年金（401K）とは
自分で掛金を決めて、その運用はそれぞれが自分で選ぶというもの。選んだファンドによって自分自身が受け取る年金や退職金が決まる。掛け金は、一定額まで全額所得控除の対象となり、税金が安くなる（年金保険の所得控除は最大で４万円）。ただし、途中で引き出すことはできない。

個人型確定拠出年金は給与天引きにしてもらうため、会社での手続きが必要です。会社で断られると利用できません。その場合は金融機関で、口座引き落としの積み立て投資信託をはじめましょう。

投資信託では、国内債券、海外債券、国内株式、海外株式を使った分散投資ができます。

■分散投資のイメージ

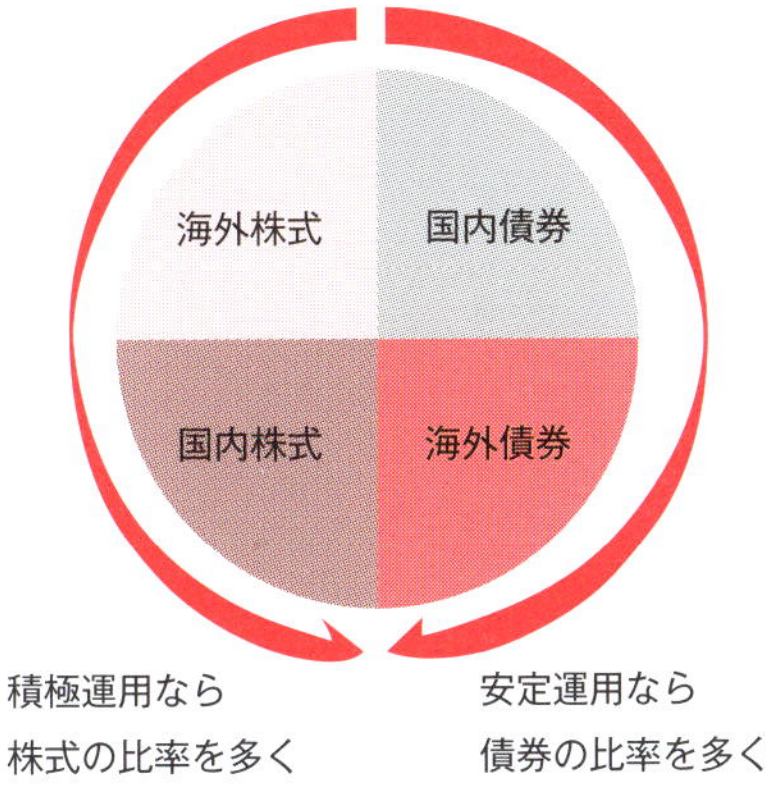

別冊「おこづかい帳」の上手な使い方

1 子どもへの渡し方

新学期やお誕生日などは、おこづかいをはじめるよいタイミング。「お兄ちゃんになったから、おこづかいにしようか。いついくらもらって何に使ったか、ノートに書いておくんだよ」と渡しましょう。

2 おこづかい額の決め方

64ページを参考にして額を決めましょう。「最初は○円くらいかな、どう思う？」と聞いて、お子さんが自分で決めたと思うように導きます。

「このお金でえんぴつやノートも買ってね」と言っておきましょう。

3 「おやくそく」の決め方

おこづかいは家族の役割を果たすからもらえるもの。おこづかい制をはじめるときは、食器の片づけやお風呂洗いなど、お手伝いの「おやくそく」をしましょう。上履きを洗うなど、自分のことでもOKです。

4 おこづかい帳のチェック方法

月に1回、次のことを確認しましょう。

□残高が合っているか
□買ってよかったもの、いらなかったもの
□「おやくそく」が守れたかどうか
□今後気をつけること

「おこづかいのおやくそく」の書き方

1 子どもが自分で買うニーズと、その値段を書き出します。値段がわからなければ、一緒にお店に行って調べてみましょう。

2 子どもが自分で買うウォンツと、その値段を書き出します。多く欲しがったときは、「そんなにいるかな？」と聞いてみましょう。

2

おこづかいのおやくそく

おうちの人《ひと》と相談《そうだん》して、おこづかいの金額《きんがく》と、自分《じぶん》で買《か》うものを決《き》めよう。

●必要《ひつよう》なもの（ニーズ）

これから自分《じぶん》で買《か》うニーズは何《なに》？	いくらするの？
えんぴつ	80えん
ノート	100えん
合計《ごうけい》	180えん

●欲《ほ》しいもの（ウォンツ）

これから自分《じぶん》で買《か》うウォンツはなに？	いくらするの？
おやつ	120えん
合計《ごうけい》	120えん

●おやくそく

たとえば：おこづかい帳《ちょう》をつける。お皿洗《さらあら》いを手伝《てつだ》うなど

あさの しんぶんを とってくる

●決《き》まったこと

毎月《まいつき》 1 日《にち》に

300 円《えん》もらう

3 子どもにもできる、家族のお手伝いをしてもらいます。続けやすいよう、簡単なもの１～２個にしておきましょう。

4 何日にいくら渡すのか記入します。パパ、ママもその日に渡すのを忘れないようにしましょう。

「おこづかい帳」の書き方

1 おこづかいの収支を記入します。金額が合わない場合は、内容を「？」とし、今あるお金の金額を記入しましょう。

2 買ったものがニーズかウォンツか、どちらかに○をつけましょう。

3 記録上の残高と子どものお財布のお金が合っているか確認しましょう。

日《ひ》にち	内容《ないよう》	もらったお金《かね》	使《つか》ったお金《かね》	ニーズ／ウォンツ	今《いま》あるお金《かね》
2／1	おこづかい	300 円《えん》	円《えん》	ニ／ウ	300 円《えん》
2／16	えんぴつ	円《えん》	80 円《えん》	ニ／ウ	120 円《えん》
2／23	アメ	円《えん》	30 円《えん》	ニ／ウ	90 円《えん》
2／28	ちょきんばこ	円《えん》	50 円《えん》	ニ／ウ	40 円《えん》
		円《えん》	円《えん》	ニ／ウ	円《えん》
		円《えん》	円《えん》	ニ／ウ	円《えん》

買《か》ってよかったもの

えんぴつ

どうしてかな?

えんぴつがみじかくなってきたから

買《か》わないほうがよかったもの

なし

お手伝《てつだ》いをがんばったら☆をぬろう

★★★★☆

おうちの人《ひと》からひと言《こと》

まいあさ、しんぶんをとってきてくれてありがとう

4 月に1回を目安に、おこづかいのやりくりを子どもと一緒に見直しましょう。衝動買いなどがなかったかを確認します。

5 最初に決めたおやくそくを守れているか、子ども自身に振り返ってもらいましょう。

6 子どものやりくりやおやくそくの様子を見て、コメントを書きます。マイナスを指摘するばかりでなく、できたことはほめてあげましょう。

「お年玉の記録」の書き方

❶ 誰からいくらもらったのか書き込み、合計額を計算します。

❷ 子どもが持つ金額としては多ければ、銀行に預けるように促しましょう。

7

お年玉《としだま》の記録《きろく》

お年玉《としだま》をだれからいくらもらったか、書《か》いておこう。ぜんぶ使《つか》わずに銀行《ぎんこう》に「貯金《ちょきん》」することも大切《たいせつ》。おうちの人《ひと》と相談《そうだん》して、いくら貯金《ちょきん》するか決《き》めよう。

だれから	もらったお金《かね》
おばあちゃん（ママの）	3,000 円《えん》
おじちゃん（パパの）	5,000 円《えん》
おばさん	1,000 円《えん》
パパ	1,000 円《えん》
	円《えん》
合計《ごうけい》	10,000 円《えん》

●いくら銀行《ぎんこう》に貯金《ちょきん》する?

8,000 円《えん》

●お年玉《としだま》で買《か》いたいもの

カードゲーム　780 円《えん》

●残《のこ》りは?

1,220 円《えん》のうち

1,000 円《えん》は貯金箱《ちょきんばこ》へ

220 円《えん》はおこづかいへ

❸ お年玉は「子どものボーナス」。全部を貯金に回すのではなく、使う楽しみも学ばせましょう。

❹ 残りの額のうち、子どもの手元に貯めてやりくりする分と、普段使いのおこづかいに回す分に振り分けましょう。

「臨時予算請求書《りんじよさんせいきゅうしょ》」「決算報告書《けっさんほうこくしょ》」の書き方

1 請求書を書き、提出する日付を記入します。

2 臨時予算を何に使うのか、目的とその金額をリストにし、合計を記入します。

5 臨時予算を使った後、報告する日付を記入します。

6 予算の主な使用目的と、請求した金額、それに対して、受け取った金額を記入します。

臨時予算請求書《りんじよさんせいきゅうしょ》

大《おお》きなお金《かね》が必要《ひつよう》になったら、買《か》うものと金額《きんがく》をリストにし、合計額《ごうけいがく》を書《か》いておうちの人《ひと》に渡《わた》しましょう。

請求日《せいきゅうび》 9／15　氏名《しめい》 土屋春菜

使用《しよう》の目的《もくてき》	予算《よさん》
旅行用バッグ	5,000 円《えん》
折りたたみ傘	2,000 円《えん》
使い捨てカメラ	500 円《えん》
	円《えん》
	円《えん》
	円《えん》
	円《えん》
	円《えん》
請求金額《せいきゅうきんがく》の合計《ごうけい》	7,500 円《えん》

決算《けっさん》の予定日《よていび》 9／25

切《き》り取《と》り線《せん》

決算報告書《けっさんほうこくしょ》

もらったお金《かね》を何《なに》にいくら使《つか》ったか報告《ほうこく》します。レシートを裏《うら》に貼《は》り、余《あま》ったお金《かね》があれば一緒《いっしょ》に渡《わた》しましょう。

決算日《けっさんび》 9／25　氏名《しめい》 土屋春菜

使用《しよう》の主《おも》な目的《もくてき》 修学旅行の準備

請求金額《せいきゅうきんがく》 7,500 円《えん》　受《う》け取《と》り額《がく》 7,500 円《えん》

使用《しよう》したもの	金額《きんがく》
旅行用バッグ	4,980 円《えん》
折りたたみ傘	1,800 円《えん》
使い捨てカメラ	480 円《えん》
	円《えん》
	円《えん》
	円《えん》
使用《しよう》した金額《きんがく》の合計《ごうけい》	7,260 円《えん》

余《あま》った金額《きんがく》 240 円《えん》　不足金額《ふそくきんがく》 円《えん》

※このページはコピーして使用《しよう》してください

3 臨時予算を受け取り、お金を使った後に精算する予定日を記入します。

4 半分に切り取り、請求書だけを提出します。

7 実際に何に使ったのかを記入します。予算どおりの買い物ができたかどうか確認しましょう。

8 余った金額は返してもらいます。不足した金額は、正当な理由があれば渡しますが、そうでなければ子どものおこづかいから引いてもよいでしょう。

子育て・お金のことで困ったときの 問い合わせ先

いじめ・不登校・虐待の相談なら

子どもの人権110番

法務省が設置した子どもの人権問題の相談窓口
大人・子どもからの相談を受けつけている

http://www.moj.go.jp/JINKEN/jinken112.html
☎0120-007-110

子育てに悩んだら

児童相談所全国共通ダイヤル

子育てに悩んだとき、虐待されている子どもを見つけたときなどの相談窓口

http://www.mhlw.go.jp/bunya/kodomo/dv39/
☎0570-064-000

子どもの急病の相談なら

小児救急電話相談

休日・夜間の子どもの急病に小児科医師・看護師が相談に応じる専門ダイヤル

http://www.mhlw.go.jp/topics/2006/10/tp1010-3.html
☎#8000

買い物・サービス利用で起こった消費トラブルなら

消費者ホットライン

消費・生活に関するトラブルの相談窓口
専門の相談員が公正な立場で相談に応じる

http://www.kokusen.go.jp/map/
☎0570-064-370

奨学金返還についての相談なら

奨学金返還相談センター

奨学金の返還に関する相談を受けつけている相談窓口
（申し込みに関する問い合わせは、各学校の奨学金担当窓口へ）

☎0570-03-7240

家計のやりくりの相談なら

日本ファイナンシャルプランナーズ協会

無料相談会の開催や、
ＦＰの紹介を行うＮＰＯ法人

http://www.jafp.or.jp/
☎0120-211-748
（ＦＰ広報センター：ＦＰに関する相談のみで、個別の家計診断等は不可）

著者

羽田野博子（はだの ひろこ）

1952年長崎県生まれ。熊本県立熊本女子大学文家政学部卒業。ファイナンシャルプランナー（CFP®）、一級ファイナンシャル・プランニング技能士（資産設計提案業務）。

自身の家計管理をきっかけにお金のやりくりに興味を持ち、FP資格を取得。翌年から生協のFPとして、セミナー、個人相談などを展開する。

2005年に、特定の金融機関に属さない独立系FP会社、(株)くらしと家計のサポートセンターを設立。資金計画・保険・マイホーム・年金など、家計にかかわる個別コンサルティングやセミナー講師として活躍する。

またNPO法人「マネー・スプラウト」を設立し、子どもの金銭教育啓蒙の活動も行っている。

著書・監修書に、『遊んで身につく！ お金の感覚 Newおこづかいゲームブック』（アスキー）、『〔図解〕定年後のお金〔完全〕マニュアル』（大和出版）、『ふたりではじめる！ 家計のやりくり』『家計のやりくり 子育てのお金』（ともに土屋書店）がある。

●(株)くらしと家計のサポートセンター　http://www.fpwes.com/
●NPO法人マネー・スプラウト　http://www.moneysprout.or.jp/

イラスト　岡戸妃里（マンガ）
ひらいみも（1～2、5～6章）
中小路ムツヨ（3～5章）
佐藤道子（別冊おこづかい帳）
本文デザイン
DTP　株式会社明昌堂
編集協力　株式会社オメガ社

お子さんがお金に興味をもったら読む本

著者　羽田野博子
発行者　田仲 豊徳
発行所　株式会社 滋慶出版 ／ 土屋書店
〒150-0001　東京都渋谷区神宮前3-42-11
TEL 03-5775-4471　FAX 03-3479-2737
E-mail shop@tuchiyago.co.jp
印刷・製本　シナノ書籍印刷株式会社

この本に関するお問合わせは、書名・氏名・連絡先を明記のうえ、上記FAXまたはメールアドレスへお寄せください。なお、電話でのご質問はご遠慮くださいませ。またご質問内容につきましては「本書の正誤に関するお問合せのみ」とさせていただきます。あらかじめご了承ください。

http://tuchiyago.co.jp

おこづかい帳《ちょう》

なまえ

おこづかいの使《つか》い方《かた》

おこづかいをもらって、何《なに》を買《か》おうかわくわくするね。もともとは、おうちの人《ひと》ががんばって働《はたら》いてもらったお金《かね》だから、大切《たいせつ》に使《つか》おう。

1 欲《ほ》しいものはニーズ？　ウォンツ？

ニーズのためのお金《かね》がなくならないように、計画的《けいかくてき》に使《つか》おう。

2 お金《かね》は大切《たいせつ》にあつかおう。

お財布《さいふ》を持《も》っておでかけしたときは、つねに身《み》につけておこう。

3 友《とも》だちとの貸《か》し借《か》りはやめよう。

友《とも》だちにおごらない。おごってもらうことも断《ことわ》ろう。

4 お手伝《てつだ》いのおやくそくを守《まも》ろう。

おこづかいをもらえるのは、家族《かぞく》の一員《いちいん》としてお手伝《てつだ》いをがんばるからだよ。

ニーズ

学校《がっこう》や日《ひ》ごろの生活《せいかつ》で必要《ひつよう》なもの。ノートやペンなどの文房《ぶんぼう》具《ぐ》、ティッシュなどの生《せい》活品《かつひん》がニーズだよ。

ウォンツ

必要《ひつよう》ではないけれど欲《ほ》しいもの。アイスやチョコレートなどのおかし、ガチャガチャやカードゲームなどのおもちゃがウォンツだよ。

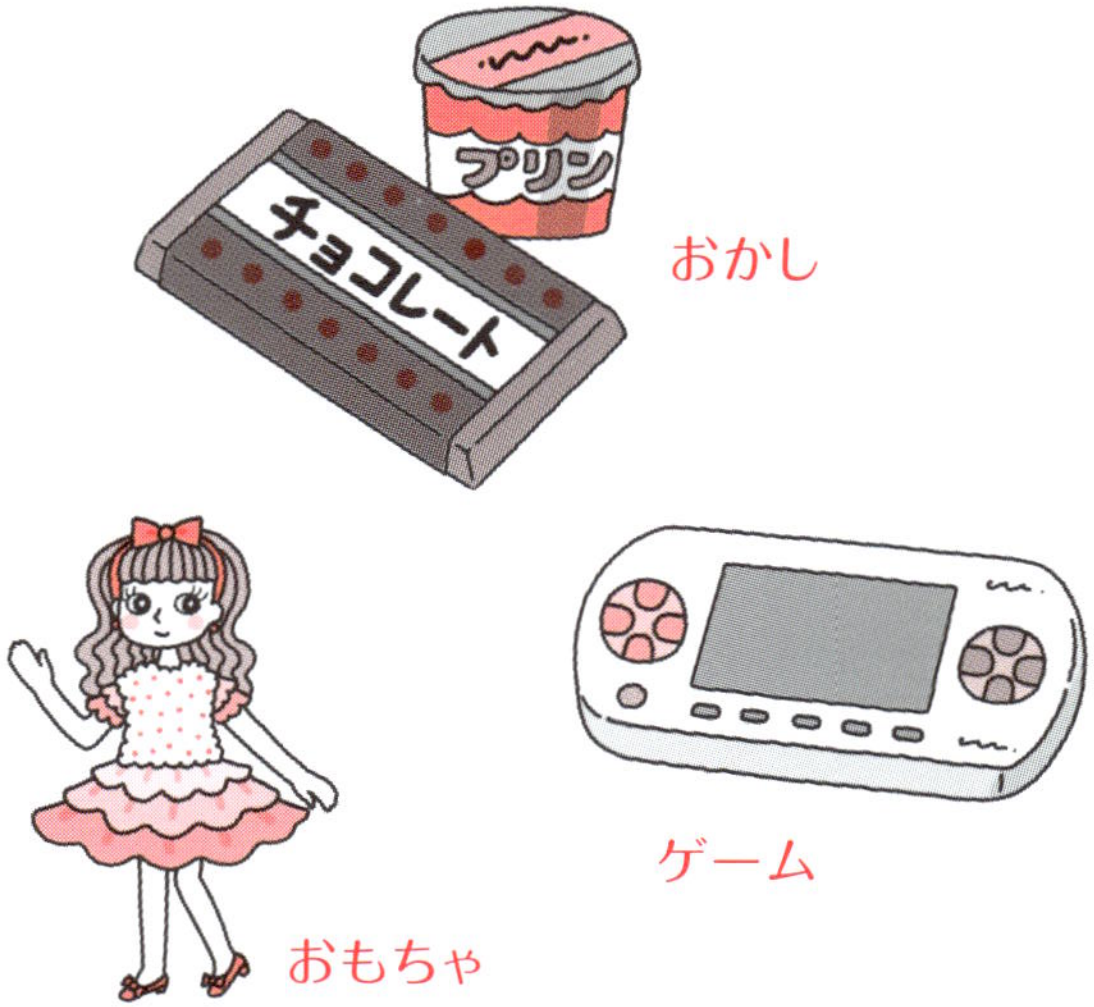

おこづかいのおやくそく

おうちの人《ひと》と相談《そうだん》して、おこづかいの金額《きんがく》と、自分《じぶん》で買《か》うものを決《き》めよう。

●必要《ひつよう》なもの（ニーズ）

これから自分《じぶん》で買《か》うニーズは何《なに》？	いくらするの？
合計《ごうけい》	

●欲《ほ》しいもの（ウォンツ）

これから自分《じぶん》で買《か》うウォンツはなに？	いくらするの？
合計《ごうけい》	

●おやくそく

たとえば：おこづかい帳《ちょう》をつける。お皿洗《さらあら》いを手伝《てつだ》うなど

____

●決《き》まったこと

毎月《まいつき》__________日《にち》に

__________円《えん》もらう

おこづかい帳《ちょう》の書《か》き方《かた》

おこづかいをもらったり、お金《かね》を使《つか》ったら、日《ひ》にちと内容《ないよう》を書《か》いておこう。今《いま》あるお金《かね》も計算《けいさん》しよう。計算《けいさん》は、おうちの人《ひと》に手伝《てつだ》ってもらってもいいよ。

❶ だれからもらったか、何《なに》に使《つか》ったかなどを書《か》こう。もし何《なに》に使《つか》ったかわからなくなったら、内容《ないよう》は「？」にして金額《きんがく》だけ書《か》いておこう

❷ もらったお金《かね》の金額《きんがく》を書《か》こう

❸ 使《つか》ったお金《かね》の金額《きんがく》を書《か》こう

❹ 買《か》ったものはニーズ？ ウォンツ？ ○をつけよう

❺ 手元《てもと》に残《のこ》ったお金《かね》の金額《きんがく》を書《か》こう

❻ おこづかいのやりくりはどうだった？ 気《き》づいたことを書《か》こう

❼ お手伝《てつだ》いのおやくそくは守《まも》れたかな？ がんばった分《ぶん》だけ☆をぬろう

❽ 最後《さいご》におうちの人にコメントを書《か》いてもらおう

日《ひ》にち	内容《ないよう》	もらったお金《かね》	使《つか》ったお金《かね》	ニーズ／ウォンツ	今《いま》あるお金《かね》
2／1	おこづかい	300円《えん》	円《えん》	ニ／ウ	300円《えん》
2／16	えんぴつ	円《えん》	80円《えん》	ニ／ウ	120円《えん》
2／23	アメ	円《えん》	30円《えん》	ニ／ウ	90円《えん》
2／28	ちょきんばこ	円《えん》	50円《えん》	ニ／ウ	40円《えん》
		円《えん》	円《えん》	ニ／ウ	円《えん》

買《か》ってよかったもの

買《か》わないほうがよかったもの

どうしてかな？

お手伝《てつだ》いをがんばったら☆をぬろう

☆☆☆☆☆

おうちの人《ひと》からひと言《こと》

日《ひ》にち	内容《ないよう》	もらったお金《かね》	使《つか》ったお金《かね》	ニーズ／ウォンツ	今《いま》あるお金《かね》
		円《えん》	円《えん》	ニ／ウ	円《えん》
		円《えん》	円《えん》	ニ／ウ	円《えん》
		円《えん》	円《えん》	ニ／ウ	円《えん》
		円《えん》	円《えん》	ニ／ウ	円《えん》
		円《えん》	円《えん》	ニ／ウ	円《えん》
		円《えん》	円《えん》	ニ／ウ	円《えん》
		円《えん》	円《えん》	ニ／ウ	円《えん》

		円《えん》	円《えん》	ニ／ウ	円《えん》
		円《えん》	円《えん》	ニ／ウ	円《えん》
		円《えん》	円《えん》	ニ／ウ	円《えん》

買《か》ってよかったもの

どうしてかな？

買《か》わないほうがよかったもの

お手伝《てつだ》いをがんばったら☆をぬろう

☆☆☆☆☆

おうちの人《ひと》からひと言《こと》

日《ひ》にち	内容《ないよう》	もらったお金《かね》	使《つか》ったお金《かね》	ニーズ／ウォンツ	今《いま》あるお金《かね》
		円《えん》	円《えん》	ニ／ウ	円《えん》
		円《えん》	円《えん》	ニ／ウ	円《えん》
		円《えん》	円《えん》	ニ／ウ	円《えん》
		円《えん》	円《えん》	ニ／ウ	円《えん》
		円《えん》	円《えん》	ニ／ウ	円《えん》
		円《えん》	円《えん》	ニ／ウ	円《えん》
		円《えん》	円《えん》	ニ／ウ	円《えん》

		円《えん》	円《えん》	ニ／ウ	円《えん》
		円《えん》	円《えん》	ニ／ウ	円《えん》
		円《えん》	円《えん》	ニ／ウ	円《えん》

買《か》ってよかったもの

買《か》わないほうがよかったもの

どうしてかな?

お手伝《てつだ》いをがんばったら☆をぬろう

☆☆☆☆☆

おうちの人《ひと》からひと言《こと》

日《ひ》にち	内容《ないよう》	もらったお金《かね》	使《つか》ったお金《かね》	ニーズ／ウォンツ	今《いま》あるお金《かね》
		円《えん》	円《えん》	ニ／ウ	円《えん》
		円《えん》	円《えん》	ニ／ウ	円《えん》
		円《えん》	円《えん》	ニ／ウ	円《えん》
		円《えん》	円《えん》	ニ／ウ	円《えん》
		円《えん》	円《えん》	ニ／ウ	円《えん》
		円《えん》	円《えん》	ニ／ウ	円《えん》
		円《えん》	円《えん》	ニ／ウ	円《えん》

		円《えん》	円《えん》	ニ／ウ	円《えん》
		円《えん》	円《えん》	ニ／ウ	円《えん》
		円《えん》	円《えん》	ニ／ウ	円《えん》

買《か》ってよかったもの

買《か》わないほうがよかったもの

どうしてかな?

お手伝《てつだ》いをがんばったら☆をぬろう

☆☆☆☆☆

おうちの人《ひと》からひと言《こと》

日《ひ》にち	内容《ないよう》	もらったお金《かね》	使《つか》ったお金《かね》	ニーズ／ウォンツ	今《いま》あるお金《かね》
		円《えん》	円《えん》	ニ／ウ	円《えん》
		円《えん》	円《えん》	ニ／ウ	円《えん》
		円《えん》	円《えん》	ニ／ウ	円《えん》
		円《えん》	円《えん》	ニ／ウ	円《えん》
		円《えん》	円《えん》	ニ／ウ	円《えん》
		円《えん》	円《えん》	ニ／ウ	円《えん》
		円《えん》	円《えん》	ニ／ウ	円《えん》

		円《えん》	円《えん》	ニ／ウ	円《えん》
		円《えん》	円《えん》	ニ／ウ	円《えん》
		円《えん》	円《えん》	ニ／ウ	円《えん》

買《か》ってよかったもの

買《か》わないほうがよかったもの

どうしてかな？

お手伝《てつだ》いをがんばったら☆をぬろう

おうちの人《ひと》からひと言《こと》

お年玉《としだま》の記録《きろく》

お年玉《としだま》をだれからいくらもらったか、書《か》いておこう。ぜんぶ使《つか》わずに銀行《ぎんこう》に「貯金《ちょきん》」することも大切《たいせつ》。おうちの人《ひと》と相談《そうだん》して、いくら貯金《ちょきん》するか決《き》めよう。

だれから	もらったお金《かね》
	円《えん》
	円《えん》
	円《えん》
	円《えん》
	円《えん》
合計《ごうけい》	円《えん》

●いくら銀行《ぎんこう》に貯金《ちょきん》する?

円《えん》

●お年玉《としだま》で買《か》いたいもの

円《えん》

●残《のこ》りは?

＿＿＿＿円《えん》のうち

＿＿＿＿円《えん》は貯金箱《ちょきんばこ》へ

＿＿＿＿円《えん》はおこづかいへ

臨時予算請求書《りんじよさんせいきゅうしょ》

大《おお》きなお金《かね》が必要《ひつよう》になったら、買《か》うものと金額《きんがく》をリストにし、合計額《ごうけいがく》を書《か》いておうちの人《ひと》に渡《わた》しましょう。

請求日《せいきゅうび》　／	氏名《しめい》

使用《しよう》の目的《もくてき》	予算《よさん》
	円《えん》
	円《えん》
	円《えん》
	円《えん》
	円《えん》
	円《えん》
	円《えん》
	円《えん》
請求金額《せいきゅうきんがく》の合計《ごうけい》	円《えん》

決算《けっさん》の予定日《よていび》

切《き》り取《と》り線《せん》

決算報告書《けっさんほうこくしょ》

もらったお金《かね》を何《なに》にいくら使《つか》ったか報告《ほうこく》します。レシートを裏《うら》に貼《は》り、余《あま》ったお金《かね》があれば一緒《いっしょ》に渡《わた》しましょう。

決算日《けっさんび》　／	氏名《しめい》

使用《しよう》の主《おも》な目的《もくてき》	
請求金額《せいきゅうきんがく》　円《えん》	受《う》け取《と》り額《がく》　円《えん》

使用《しよう》したもの	金額《きんがく》
	円《えん》
	円《えん》
	円《えん》
	円《えん》
	円《えん》
	円《えん》
使用《しよう》した金額《きんがく》の合計《ごうけい》	円《えん》

余《あま》った金額《きんがく》　円《えん》	不足金額《ふそくきんがく》　円《えん》

※このページはコピーして使用《しよう》してください

『お子さんがお金に興味をもったら読む本』（土屋書店刊）別冊